Owocowa Fuzja: tętniąca życiem książka kucharska z sałatkami owocowymi

100 Odkryj sztukę tworzenia świeżych i aromatycznych sałatek owocowych

Izabela Jankowska

© COPYRIGHT 2023 WSZELKIE PRAWA ZASTRZEŻONE

Niniejszy dokument ma na celu dostarczenie dokładnych i rzetelnych informacji dotyczących poruszanego tematu i zagadnienia. Publikacja jest sprzedawana z założeniem, że wydawca nie jest zobowiązany do świadczenia usług księgowych, urzędowo dozwolonych lub kwalifikowanych w inny sposób. Jeżeli konieczna jest porada prawna lub fachowa, należy zamówić osobę praktykującą w zawodzie.

W żaden sposób nie jest legalne powielanie, powielanie lub przesyłanie jakiejkolwiek części tego dokumentu w formie elektronicznej lub drukowanej. Nagrywanie tej publikacji jest surowo zabronione, a jakiekolwiek przechowywanie tego dokumentu jest zabronione bez pisemnej zgody wydawcy. Wszelkie prawa zastrzeżone.

Ostrzeżenie Zastrzeżenie, informacje zawarte w tej książce są zgodne z naszą najlepszą wiedzą i są kompletne. Wszystkie rekomendacje są dokonywane bez gwarancji ze strony autora lub publikacji opowiadania. Autor i wydawca zrzekają się odpowiedzialności w związku z wykorzystaniem tych informacji

Spis treści

WSTĘP..8

PRZEPISY NA SAŁATKI OWOCOWE...10

   1. Sałatka owocowa z kurczakiem i kuskusem......................10

   2. Letnia sałatka owocowa.......................................12

   3. Sałatka Owocowa..14

   4. Sałatka Owocowa Z Zielonych Szparagów........................16

   5. Sałatka Owocowa Z Kremem Kokosowym...........................19

   6. Sałatka Owocowa Simone.......................................21

   7. Sałatka Owocowa Z Miodem.....................................23

   8. Ryż truskawkowy na sałatce owocowej..........................25

   9. Sałatka owocowa z awokado i jogurtem.........................27

   10. Sałatka owocowa z truskawkami, melonem i mozzarellą 29

   11. Sałatka owocowa w szklance z lodami i kruchymi ciasteczkami...32

   12. Sałatka owocowa z melonem, borówkami i owczym serem 34

   13. Sałatka owocowa z awokado, malinami i orzechami.......36

   14. Grillowana sałatka owocowa z truskawkami, ananasem, figami i grejpfrutem...38

   15. Sałatka z pieczonych owoców z shotem.......................41

   16. Tropikalna sałatka owocowa piña colada.....................44

   17. Sałatka z pieczonych owoców................................47

   18. Sałatka owocowa z cykorii...................................49

19. Sałatka z kiwi..52

20. Owocowa sałatka z makaronem.......................................54

21. Sałatka ze złotego kiwi z ananasem i jogurtem................57

22. Lody owocowe...60

23. Flambirowana sałatka z mandarynek i pomelo...............63

24. Miska zrobiona z ciasta na ciasteczka.............................66

25. Krokiety z kasztanów..69

26. Sałatka owocowa z kremem waniliowym i herbatnikami rudymi...72

27. Sałatka owocowa z alkoholem..74

28. Sałatka owocowa z cynamonem.....................................76

29. sałatka owocowa..78

30. Egzotyczna sałatka owocowa...80

31. Sałatka owocowa z lodami waniliowymi.......................82

32. Sałatka owocowa z kopem..85

33. Sałatka owocowa z rodzynkami w rumie.......................87

34. Sałatka owocowa z jogurtowym kapeluszem.................89

35. Sałatka owocowa z jogurtem..91

36. Sałatka owocowa z serem camembert............................93

37. Sałatka owocowa z pestkami słonecznika......................95

38. Sałatka owocowa z sosem jogurtowym..........................98

39. Sałatka owocowa z sosem jogurtowo-waniliowym......101

40. Szybka sałatka owocowa..103

41. Owoce tropikalne i sałatka owocowa z przymrużeniem oka..105

42. Kolorowa sałatka owocowa...107
43. Krem twarogowo-jogurtowy z sałatką owocową...........109
44. Sałatka owocowa bez cukru...112
45. Prosta sałatka owocowa..114
46. Wegańska sałatka owocowa..116
47. Żółta sałatka owocowa..118
48. Sałatka z melona..120
49. Sałatka z kiwi...122
50. Sałatka ze śliwek i ananasa..124
51. Sałatka owocowa z granatem......................................126
52. Sałatka owocowa z orzechami.....................................128
53. Koktajl ze świeżych owoców.......................................130
54. Sałatka owocowa z miętą...132
55. Sałatka z arbuza i gruszki z krewetkami.....................134
56. Sałatka z pomarańczy i kiwi z lodem..........................136
57. Kompot z wiśni..139
58. Ananas z shotem...141
59. Ocet z czarnego bzu..143
60. Budyń sojowy z kolorową sałatką owocową.................145
61. Sałatka owocowa z arbuzem......................................147
62. Sałatka z gruszek i śliwek..150
63. Sałatka owocowa z dipem orzechowym......................152
64. Kokosowa sałatka owocowa z kruszonym lodem.........154
65. Lody z sosem fasolowym i sałatką owocową...............157

66. Sałatka serowo-owocowa ... 159

67. Sałatka owocowa z dressingiem owocowym ... 161

68. Sałatka z pieczonych owoców z zimną zapiekanką ... 164

69. Sałatka owocowa z chrupiącą komosą ryżową ... 166

70. Sałatka owocowa z syropem chaczacha ... 169

71. Sałatka owocowa z sosem likierowym ... 172

72. Śródziemnomorska sałatka owocowa ... 175

73. Wafle gryczane z sałatką owocową ... 178

74. Musli z egzotyczną sałatką owocową ... 181

75. Azjatycka sałatka owocowa z makaronem szklanym ... 184

76. Pikantna sałatka owocowa ... 186

77. Melon z liczi i ananasem ... 188

78. Sałatka z jajek i owoców ... 190

79. Sałatka z gruszek i winogron ... 192

80. Sałatka owocowa z campari ... 195

81. Sos słodko-kwaśny ... 197

82. Krem z ajerkoniaku ... 199

83. Parfait z niebieskich winogron z sałatką z pomarańczy i winogron ... 202

84. Terrina serowa z orzechami włoskimi ... 205

85. Sałatka maklerska ... 207

86. Sos francuski ... 209

87. Owocowa sałatka śledziowa ... 212

88. Lody z sosem fasolowym i sałatką owocową ... 215

89. Truskawkowy ryż na sałatce owocowej ... 217

90. Sałatka owocowa z awokado i jogurtem 219

91. prosta sałatka owocowa 221

92. tradycyjna sałatka owocowa 224

93. kremowa sałatka owocowa 227

94. Sałatka owocowa ze skondensowanym mlekiem 230

95. Sałatka owocowa ze śmietaną 232

96. Dopasowana sałatka owocowa 235

97. Sałatka owocowa dla smakoszy 237

98. Sałatka owocowa z sosem jogurtowym 240

99. Sałatka owocowa z sosem jogurtowo-waniliowym 243

100. Szybka sałatka owocowa 246

WNIOSEK 248

WSTĘP

Witamy w „Owocowa Fuzja: tętniąca życiem książka kucharska z sałatkami owocowymi". Ta zachwycająca kolekcja przepisów na sałatki owocowe zabierze Cię w apetyczną podróż po świecie świeżych i kolorowych smaków. Sałatki owocowe to celebracja obfitości natury, łącząc mieszankę soczystych owoców w celu stworzenia orzeźwiających, zdrowych i atrakcyjnych wizualnie potraw.

Niezależnie od tego, czy jesteś doświadczonym entuzjastą owoców, czy kimś, kto chce włączyć do swojej diety więcej świeżych produktów, ta książka kucharska oferuje szereg przepisów na każde podniebienie i okazję. Sałatki owocowe są nie tylko pyszne, ale także niezwykle uniwersalne. Od lekkich i pikantnych kombinacji cytrusów po soczyste mieszanki jagód i egzotyczne tropikalne mieszanki — znajdziesz sałatkę owocową na każdy nastrój i porę roku.

W „Owocowa Fuzja" odkryjemy sztukę łączenia owoców, eksperymentujemy z dressingami i dodatkami oraz tworzymy oszałamiające prezentacje, dzięki którym Twoje sałatki owocowe staną się gwiazdą każdego spotkania. Przygotuj się na przyjęcie żywych kolorów, zachwycających tekstur i przepysznych smaków naturalnych cukierków w każdej łyżce.

Zanurzmy się więc w smakowitą przygodę i odkryjmy, jak proste składniki mogą się połączyć, aby stworzyć rewelacyjne sałatki owocowe, które są zarówno odżywcze, jak i uczta dla zmysłów!

PRZEPISY NA SAŁATKI OWOCOWE

1. Sałatka owocowa z kurczakiem i kuskusem

Składniki na 4 porcje

- 200 g kuskusu
- 1 drobno pokrojona czerwona cebula
- 250 g piersi z kurczaka
- 1 masło
- 2 miód
- 0,5 łyżeczki mieszany kminek
- 0,5 łyżeczki kardamonu
- 150 ml chudego jogurtu
- 100 g grubo posiekanych orzechów
- 1 porcja kawałków brzoskwiń
- 1 sól bazowa

przygotowanie

1. Przygotuj kuskus zgodnie z instrukcją na opakowaniu. Pierś z kurczaka myjemy, osuszamy, doprawiamy solą i pieprzem i kroimy w paski.
2. Rozgrzej masło i podsmaż na nim cebulę z paskami kurczaka. Odcedź brzoskwinie i pokrój w drobną kostkę.
3. Jogurt wymieszać z przyprawami, miodem, orzechami i kuskusem, cebulą i kawałkami kurczaka. Na koniec włożyć kawałki brzoskwiń.

2. Letnia sałatka owocowa

Składniki na 4 porcje

- 10 sztuk suszonych fig
- łyżki sułtanek
- 300 ml białego wina
- 1 łyżeczka cynamonu
- 1 odrobina soku z cytryny
- 4g cukru
- 4 jabłka

przygotowanie

1. Jabłka, figi i rodzynki włożyć do rondelka z winem i zalać wszystko wodą.
2. Dodaj cynamon, cytrynę i cukier i gotuj wszystko razem przez krótki czas. Ale, oczywiście, jabłka muszą być nadal twarde do ugryzienia.
3. Ułóż wszystko w misce i ciesz się.

3. Sałatka Owocowa

Składniki na 4 porcje

- kiwi 2 szt
- pomarańcze 2 szt
- 1 szt mango
- 1 szt imbir (2cm)
- 2 łyżki miodu
- 5 łyżek soku jabłkowego

przygotowanie

1. Obierz i filetuj pomarańczę, obierz kiwi i mango i pokrój na małe kawałki.
2. Imbir obrać, pokroić w drobną kostkę i smażyć z miodem na patelni przez kilka minut. Zdeglasować sokiem jabłkowym i polać owoce. Niech się krótko zagotuje.

4. Sałatka Owocowa Z Zielonych Szparagów

Składniki na 2 porcje

- 5 szt zielonych szparagów (cienkie sztyfty)
- 4 sztuki truskawek
- 1 sztuka pomarańczy
- 0,25 sztuk ananasa
- 1 kawałek kiwi
- 1 kawałek jabłka (mały)
- 0,5 kawałka banana
- 1 kawałek cytryny
- 2 łyżki łagodnej oliwy z oliwek
- 1 szt. limonka (sok + skórka do marynaty)
- 1 szt. pomarańczy (sok + skórka do marynaty)
- 1 gałązka melisy

przygotowanie

1. Umyj zielone szparagi, przekrój wzdłuż na pół i w poprzek na ok. 2 cm. Umyj truskawki, usuń szypułkę i pokrój w plasterki. Obierz, pokrój w ćwiartki i pokrój kiwi.
2. Ananasa obrać i pokroić w ćwiartki, usunąć szypułkę, jedną ćwiartkę pokroić w drobną kostkę, resztę wykorzystać do innych celów.
3. Obierz i filetuj pomarańczę, zbierz sok, który wypłynął i użyj go do dressingu.

Wyciśnij cytrynę. Jabłko umyj, przekrój na pół, usuń rdzeń, pokrój w ćwiartki i od razu skrop połową wyciśniętego soku z cytryny (aby nie zbrązowiało).
4. Banana obrać i pokroić w plasterki, skropić również pozostałym sokiem z cytryny.
5. Wymieszaj dressing z soku z limonki i pomarańczy, skórki (każda połowa dwóch owoców) i oliwy z oliwek.
6. Przygotowane owoce wraz ze szparagami przełożyć do miski i dokładnie wymieszać z dressingiem. Udekoruj listkami melisy.

5. Sałatka Owocowa Z Kremem Kokosowym

Składniki na 4 porcje

- 1 szt. Melon cukrowy
- banany 2szt
- kiwi 3 szt
- ananas 1 szt
- 250 ml bitej śmietany
- 2 łyżki cukru granulowanego
- 100 ml mleka kokosowego

przygotowanie

1. Banany, melon cukrowy, kiwi i ananasy są obrane, a melon cukrowy jest również pozbawiony pestek. Następnie owoce kroi się w małe kostki.
2. Ubitą śmietanę mikserem na sztywno dodajemy cukier i mleko kokosowe.
3. W ten sposób uzyskamy gładki krem, ale bitej śmietany nie należy ubijać zbyt długo, maksymalnie 2 minuty.
4. Na koniec owoce rozprowadza się w miseczkach deserowych i pokrywa kremem kokosowym.

6. Sałatka Owocowa Simone

Składniki na 4 porcje

- 1 kawałek melona spadziowego
- 1 kawałek kiwi
- 1 kawałek banana
- 5 sztuk jagód
- 5 szt malin
- 3 sztuki truskawek

Składniki na marynatę

- 1 kawałek cytryny (sok)
- 1 łyżka cukru
- 1 szczypta imbiru w proszku

przygotowanie

1. Obierz melona i wydrąż gniazda nasienne, wytnij miąższ za pomocą noża do piłek, aby uzyskać ładne kulki melona. Następnie obierz kiwi i pokrój na kawałki.
2. Jagody i maliny umyć i osączyć, truskawki umyć, usunąć zieleninę, przekroić na pół lub pokroić w plasterki. Obierz i pokrój banana.
3. Wszystkie owoce włożyć do miski, wymieszać z cukrem, sokiem z cytryny i imbirem w proszku. Marynuj przez 30 minut, rozlej do szklanek i podawaj na zimno.

7. Sałatka Owocowa Z Miodem

Składniki na 6 porcji

- banany 3szt
- 250 g truskawek
- 100 g niebieskich winogron bez pestek
- 100 g białych winogron bez pestek
- pomarańcze 2 szt
- kiwi 2 szt
- 1 szt Jabłko
- 1 szt gruszka
- 1 szt cytryna
- 5 łyżek miodu

przygotowanie

1. Obierz banany, pomarańcze i kiwi, umyj truskawki, usuń zielenie i pokrój owoce na małe kawałki.
2. Winogrona umyć, przekroić na pół i dodać do pozostałych owoców. Jabłka i gruszki pokroić w ósemki, wydrążyć gniazda nasienne, pokroić w drobną kostkę i wymieszać z pozostałymi owocami.
3. Marynować sokiem z cytryny i miodem.

8. Ryż truskawkowy na sałatce owocowej

Składniki na 2 porcje

- 500 g świeżych owoców (do smaku)
- 0,5 szklanki bitej śmietany
- 3 miarki truskawek Mövenpick
- 5 kropli soku z cytryny

przygotowanie

1. Owoce umyć, obrać i pokroić w kostkę, ułożyć na talerzu i skropić sokiem z cytryny.
2. Lody truskawkowe wyłożyć na sałatkę owocową.
3. Udekoruj bitą śmietaną i gałkami lodów.

9. Sałatka owocowa z awokado i jogurtem

Składniki

- 1 jabłko
- 1 awokado
- 1/2 mango
- 40 gramów truskawek
- 1/2 cytryny
- 1 łyżka miodu
- 125 g jogurtu naturalnego
- 2-3 łyżki płatków migdałowych

przygotowanie

1. Najpierw w przypadku sałatki owocowej z awokado i jogurtem umyj jabłko, usuń rdzeń i pokrój w kostkę. Następnie wydrąż awokado i mango i również pokrój w kostkę. Truskawki myjemy i kroimy na pół. Na koniec rozetnij cytrynę i wyciśnij sok z połowy.
2. Jogurt naturalny dobrze wymieszaj z miodem. Przełóż pokrojone składniki do większej miski i wymieszaj z miodem i jogurtem. Sałatkę owocową z awokado i jogurtem posypać migdałami i podawać.

10. Sałatka owocowa z truskawkami, melonem i mozzarellą

Składniki

- 1/2 melona spadziowego
- 1/4 arbuza
- 250 g truskawek
- 2 opakowania mini mozzarelli
- 1/2 pęczka mięty
- 1/2 pęczka bazylii
- 1 pomarańcza
- trochę syropów klonowych

przygotowanie

1. W przypadku sałatki owocowej z truskawkami, melonem i mozzarellą najpierw usuń skórkę i pestki z melonów, a miąższ pokrój w kostkę. Następnie umyj truskawki, usuń zielone i przekrój truskawki wzdłuż na pół. Następnie zerwij miętę i bazylię. Drobno posiekaj miętę. Dobrze odsącz kulki mozzarelli.
2. Wyciśnij sok pomarańczowy i wymieszaj z odrobiną syropu klonowego.
3. Wymieszaj wszystkie składniki oprócz bazylii w dużej misce.

4. Porcjuj sałatkę owocową z truskawkami, melonem i mozzarellą i podawaj udekorowaną bazylią.

11. Sałatka owocowa w szklance z lodami i kruchymi ciasteczkami

Składniki

- 200 gramów malin
- 4 lody waniliowe
- 2 owoce męczennicy
- 15 kruchych herbatników
- 1 łyżeczka cukru pudru
- 10 listków mięty

przygotowanie

1. Kruche herbatniki połam na duże kawałki na sałatkę owocową w szklance z lodem i podziel na 4 szklanki. Maliny zmiksować z miąższem z marakui i cukrem pudrem.
2. Na kruche ciasto połóż gałkę lodów waniliowych i udekoruj sałatkę owocową w szklance malinami i odrobiną mięty.

12. Sałatka owocowa z melonem, borówkami i owczym serem

Składniki

- 1/4 arbuza
- 1/4 melona spadziowego
- 1/4 melona cukrowego
- 100 gramów jagód
- 5 ziaren kawy (mielonej)
- 100 g sera owczego (lub koziego)
- 10 listków mięty
- 1 łyżka miodu

przygotowanie

1. Melony na sałatkę owocową z melonem, jagodami i owczym serem obrać i pokroić w dużą kostkę.
2. Wymieszać z jagodami i rozłożyć na talerzu.
3. Rozłóż zmieloną kawę na melonach. Ser pokroić w cienkie paski i ułożyć na sałatce z melona.
4. Sałatkę owocową skropić odrobiną miodu i udekorować miętą.

13. Sałatka owocowa z awokado, malinami i orzechami

Składniki

- 2 awokado
- 150 ml bitej śmietany
- 1/4 cytryny (sok)
- 50 gramów cukru
- 200 gramów malin
- 2 łyżki mieszanej mieszanki orzechowej
- 2 limonki
- 1 łyżka cukru pudru

przygotowanie

1. Awokado i maliny obrać ze skórki i wydrążyć gniazda na sałatkę owocową z awokado i pokroić w drobną kostkę.
2. Zmiksować razem z sokiem z cytryny i cukrem. Ubij śmietanę na sztywną pianę i wymieszaj z awokado.
3. Limonki obrać i wyciąć miąższ między białymi błonami rozdzielającymi. Wymieszać z umytymi malinami i cukrem pudrem.
4. Podzielić na cztery szklanki i posypać grubo posiekaną mieszanką Trail.
5. Sałatka owocowa z kremem z awokado i dodatkiem malin.

14. Grillowana sałatka owocowa z truskawkami, ananasem, figami i grejpfrutem

Składniki

- 2 figi
- 4 truskawki
- 2 śliwki (żółte, loki)
- 1 mandarynka
- 1 rubinowy grejpfrut
- 1/4 ananasa
- 1 łyżeczka cukru pudru
- 1 łyżka soku z cytryny
- 2 łyżki pistacji (posiekanych)
- 3 łyżki oleju z pestek winogron

przygotowanie

1. Do sałatki z grillowanych owoców przygotuj najpierw dressing. Następnie wymieszaj cukier puder, sok z cytryny, olej z pestek winogron i pistacje.
2. Truskawki i figi przekrój na pół. Pokrój ananasa w cienkie kliny, a pozostałe owoce w duże kawałki.
3. Posmaruj wszystkie owoce odrobiną oleju z pestek winogron.
4. Grilluj owoce na patelni grillowej lub ze wszystkich stron, aż owoce nabiorą ładnego ciemnego koloru.

5. Następnie ułóż owoce na talerzu i polej dressingiem.
6. Grillowaną sałatkę owocową podawaj, gdy jest jeszcze ciepła.

15. Sałatka z pieczonych owoców z shotem

Składniki

- 1 brzoskwinia
- 1 jabłko
- 1/4 ananasa
- 1 banan
- 20 gramów winogron
- 20 gramów malin
- 1/2 pomarańczy (sok)
- 1/2 cytryny
- 1 laska wanilii (miąższ)
- 4 jajka
- 1 łyżka miodu
- 2 łyżki rumu
- 1 łyżka likieru pomarańczowego

przygotowanie

1. Do zapiekanej sałatki owocowej z shotem najpierw przygotuj owoce. W tym celu umyj brzoskwinię i jabłko, usuń kamień i pokrój w kostkę. Następnie obierz ananasa, usuń szypułkę i pokrój w kostkę, zdejmij skórkę z banana i pokrój w plasterki. Następnie umyj winogrona i maliny, przekrój pomarańczę i

cytrynę na pół i wyciśnij. Na koniec laskę wanilii przeciąć wzdłuż i zeskrobać miąższ.
2. Żółtka zmiksować z miodem, miąższem waniliowym, rumem, likierem pomarańczowym oraz sokiem pomarańczowym i cytrynowym. Białka ubij na sztywną pianę i wmieszaj do masy z żółtek. Pokrojonymi owocami napełnij małe, ognioodporne foremki, przykryj masą śnieżną i piecz w piekarniku w temperaturze 180 stopni (termoobieg) przez około 10 minut.
3. Poczekaj, aż zapiekana sałatka owocowa ostygnie i podawaj.

16. Tropikalna sałatka owocowa piña colada

Składniki

- 1/2 ananasa
- 1 banan
- 1 jabłko
- 1/2 melona cukrowego (alternatywnie melona spadziowego)
- 50 ml mleka kokosowego (z puszki)
- 30 ml soku ananasowego
- 2-3 łyżki likieru kokosowego
- 2-3 łyżki wiórków kokosowych
- 1 kieliszek rumu (biały)

przygotowanie

1. Najpierw przygotuj wszystkie składniki na tropikalną sałatkę owocową piña colada. Ananasa obrać, usunąć szypułkę i pokroić w kostkę. Następnie obierz i pokrój banana, umyj jabłko, usuń rdzeń i pokrój w kostkę. Na koniec wydrążyć melon, usunąć skórkę i nasiona i pokroić na kawałki wielkości jednego kęsa.
2. Mleko kokosowe mieszamy z sokiem z cytryny i ananasa, likierem kokosowym, wiórkami kokosowymi i odrobiną rumu.

3. Umieść pokrojone kawałki owoców w większej misce, dodaj mieszankę piña colada i dobrze wymieszaj. Podziel tropikalną sałatkę owocową piña colada na małe miseczki i podawaj.

17. Sałatka z pieczonych owoców

Składniki

- 1 brzoskwinia
- 1/4 ananasa
- 20 malin
- 1 mandarynka
- 10 pęcherzycy
- 2 jabłka
- 1 łyżeczka miodu
- 1 laska wanilii (miąższ)
- 4 białka jaj
- 100 g cukru

przygotowanie

1. Na sałatkę z pieczonych owoców ubij białka z cukrem na sztywną pianę.
2. Owoce pokroić w drobną kostkę i wymieszać z miodem i miąższem waniliowym. Podzielić na cztery tartaletki i posmarować białkami.
3. Piec w temperaturze 120°C przez około 60 minut.
4. Upieczoną sałatkę owocową wyjąć z piekarnika, odstawić na chwilę do ostygnięcia i natychmiast podawać.

18. Sałatka owocowa z cykorii

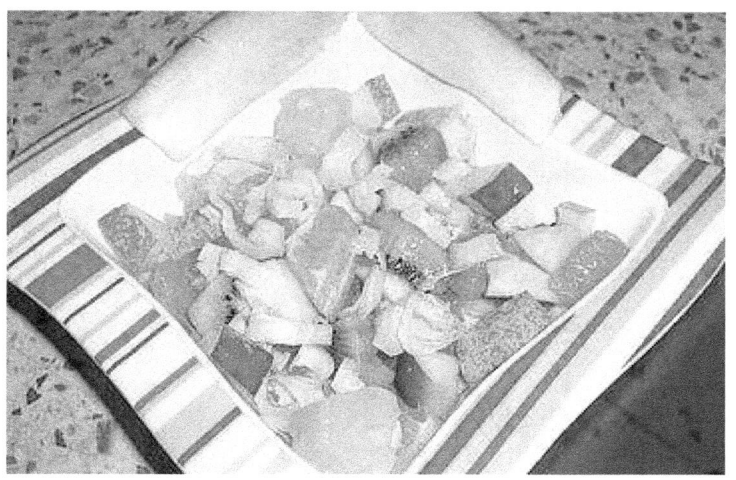

Składniki

- 500 g cykorii
- 200 g piersi z indyka (wędzone)
- 4 kawałki pomarańczy
- 3 kawałki bananów
- 150 g brunchowych ziół légère
- 150 g jogurtu
- 2-3 łyżki soku z cytryny
- sól
- pieprz (biały)
- cukier
- 40 gramów orzechów włoskich

przygotowanie

1. W przypadku sałatki z cykorii cykorię umyć, osuszyć i przekroić na pół. Odetnij górne końce liści, wytnij łodygę w kształcie klina i pokrój w cienkie plasterki. Pierś z indyka pokroić w cienkie paski i wymieszać z cykorią.
2. Obierz 3 pomarańcze na tyle grubo, aby usunąć białą skórkę, wytnij filety z owoców i dodaj do cykorii, zbierając sok. Następnie obierz i pokrój banany i wymieszaj z sałatką owocową z cykorii.

3. Wyciśnij ostatnią pomarańczę. Zmiksuj brunch i jogurt na gładką masę, wymieszaj z sokiem pomarańczowym i cytrynowym. Doprawiamy do smaku solą, pieprzem i cukrem.
4. Sosem polać sałatkę z cykorii. Orzechy włoskie grubo posiekać i posypać nimi. Schłodzić przez około 1 godzinę przed podaniem.

19. Sałatka z kiwi

Składniki

- 4 kawałki kiwi
- 500 g winogron (połówki)
- 4 gruszki
- 8 łyżek miodu
- 1 szt cytryna (sok)
- kilka listków mięty

przygotowanie

1. W przypadku sałatki z kiwi obierz kiwi, przekrój je na pół i pokrój w plasterki. Następnie umyj winogrona, pokrój je na pół i usuń nasiona. Na koniec obierz gruszki, przekrój je na pół, zdejmij osłonki i również pokrój w plasterki.
2. Delikatnie wymieszaj owoce.
3. Wymieszaj sok z cytryny z miodem i polej nim sałatkę owocową. Udekoruj kilkoma listkami mięty pieprzowej.

20. Owocowa sałatka z makaronem

Składniki

- 250-300 g makaronu (np. fusilli)
- 120 gramów jagód
- 150 g winogron (bez pestek)
- 1 jabłko (kwaśne)
- 1 nektarynka (ewentualnie brzoskwinia)
- 1 banan
- 1 laska wanilii (miąższ)
- 1/2 cytryny (sok)
- 5-6 listków mięty (świeżej)
- 1 szczypta cynamonu (mielonego)
- 1 łyżka miodu

przygotowanie

1. W przypadku owocowej sałatki z makaronem najpierw zagotuj wodę w dużym rondlu, dodaj sól i ugotuj w niej makaron (np. penne) al dente.
2. W międzyczasie przygotuj pozostałe składniki na sałatkę. Jagody, winogrona, jabłka i nektarynki umyć i osuszyć. Winogrona przekroić na pół, wydrążyć gniazda nasienne i pokroić w kostkę nektarynki i jabłko. Obierz i pokrój banana.

Laskę wanilii przeciąć wzdłuż, wyskrobać miąższ, przekroić cytrynę i wycisnąć. Listki mięty obrać z łodyżek i drobno posiekać.
3. Ugotowany makaron odcedzamy, płuczemy i lekko ostudzimy. Następnie wymieszaj makaron z owocami, miazgą waniliową, cynamonem, sokiem z cytryny, miętą i łyżką miodu w większej misce. Owocową sałatkę makaronową można podawać od razu.

21. Sałatka ze złotego kiwi z ananasem i jogurtem

Składniki

Na sałatkę:

- 1 ananas (obrany, usunięty z łodygi, pokrojony w słupki)
- 3 złote kiwi (obrane, pokrojone w ósemki)
- 60 g orzechów brazylijskich (z grubsza posiekanych)

Na dressing:

- 200 g jogurtu (grecki)
- 3 łyżki oliwy z oliwek
- 1/2 cytryny (sok i skórka)
- sól morska
- pieprz (z młynka)
- Tymianek (do dekoracji)

przygotowanie

1. W przypadku złotej sałatki z kiwi z ananasem i jogurtem dobrze wymieszaj wszystkie składniki dressingu i dopraw solą i pieprzem.
2. Grilluj kawałki ananasa na patelni grillowej bez tłuszczu do sałatki. Ułożyć na talerzach razem z plastrami kiwi.

3. Owoce polej dressingiem i udekoruj złotą sałatkę z kiwi ananasem i jogurtem z orzechami brazylijskimi i tymiankiem.

22. Lody owocowe

Składniki

- 1 kiwi
- 1 opakowanie truskawek
- 1 opakowanie jagód
- 1/2 mango
- syrop z czarnego bzu
- Woda (w zależności od smaku i wielkości foremek)

przygotowanie

1. Najpierw przygotuj kształty lodów na patyku (w razie potrzeby opłucz) na lody owocowe i umieść w pobliżu pokrywki lub drewniane patyczki do lodów.
2. Kiwi obrać i pokroić w plasterki. Umyj i oczyść truskawki i pokrój w drobną kostkę. Następnie umyj i posortuj jagody. Na koniec obierz mango i pokrój w cienkie paski.
3. Rozłóż owoce na foremkach do lodów. Napełnij dobrze. Syrop z czarnego bzu rozcieńcz wodą w zależności od upodobań. Do

foremek wlać sok z czarnego bzu. Włóż pokrywkę lub pałeczki.
4. Zamrozić w zamrażarce na kilka godzin lub całą noc. Owocowy popsicle najlepiej wyjąć z formy, zanurzając foremki w ciepłej wodzie.

23. Flambirowana sałatka z mandarynek i

pomelo

Składniki

- 4-6 mandarynek (bez pestek, alternatywnie ok. 300-400 g satsuma lub klementynek)
- 1 pomelo (lub 2 różowe grejpfruty)
- 1 banan
- 2 limonki (niepryskane)
- 2-3 łyżki miodu (podgrzanego)
- Rodzynki (namoczone w grappie lub rumie, do smaku)
- 4 łyżki orzechów włoskich
- 6 łyżek rumu (wysoki procent lub koniak itp. do flambirowania)

przygotowanie

1. Aby przygotować flambirowaną sałatkę z pomelo z mandarynkami, obierz mandarynki, pokrój je w ćwiartki i usuń z nich skórkę tak daleko, jak to możliwe, lub przynajmniej białe nitki. Pomelo również obrać, podzielić na ćwiartki i obrać z nich skórkę. (Pęknięcia mogą się rozpadać.) Umieść mandarynki i pomelo w misce tak, aby wyciekły soki. Dobrze umyj limonki i zetrzyj skórkę

bezpośrednio w mandarynki na tarce. Delikatnie wymieszaj.

2. Ściśnij limonki. Teraz obierz banana, pokrój w plasterki i od razu skrop odrobiną soku z limonki. Ułóż dekoracyjnie na talerzach razem z marynowanymi mandarynkami.

3. Wymieszaj pozostały sok z limonki z podgrzanym miodem i polej sałatkę. Z grubsza posiekaj orzechy włoskie i krótko upraż je na nienasmarowanej olejem patelni. Wymieszać z namoczonymi rodzynkami wedle uznania i posypać sałatkę. Polej je alkoholem i podpal. Sałatka z flambirowanych mandarynek i pomelo dobrze komponuje się z kruchym ciastem kruchym, włoskim cantucci czy biszkoptami.

24. Miska zrobiona z ciasta na ciasteczka

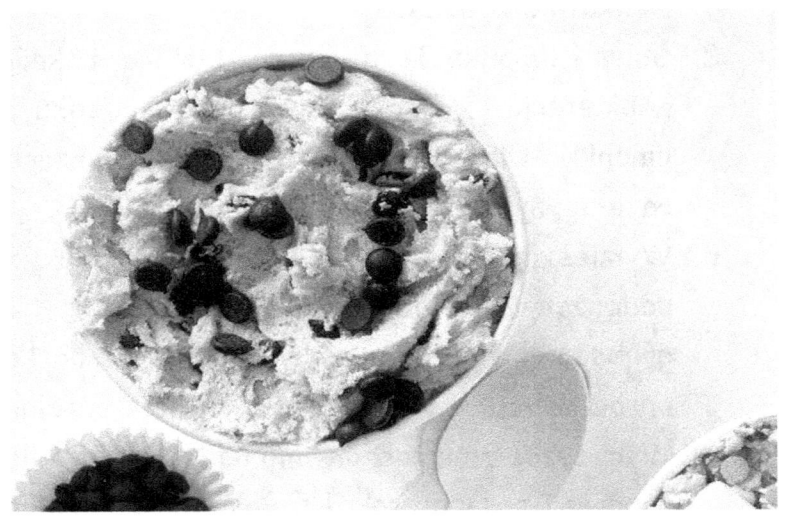

Składniki

- 500 g mąki (ilość dostosuj w zależności od konsystencji)
- 1 łyżeczka sody oczyszczonej
- 1 łyżeczka soli
- 300 gramów czekolady
- 250 g masła (miękkiego)
- 135 g cukru (brązowego)
- 190 gramów cukru pudru
- 1 opakowanie cukru waniliowego
- 2 jajka

przygotowanie

1. Najpierw rozgrzej piekarnik do 190 ° C na miskę z ciastem.
2. Mąkę, sodę oczyszczoną i sól wymieszać i odstawić. Posiekaj czekoladę.
3. Masło, dwa rodzaje cukru i cukier waniliowy utrzeć na kremową masę. Dodawać pojedynczo jajka i za każdym razem dobrze wymieszać. Mieszaj mąkę i kawałki czekolady na przemian w porcjach, aż do uzyskania konsystencji, którą można rozwałkować. Ciasto nie powinno być zbyt kruche, aby

można je było później łatwo formować. Zagnieść, zawinąć w folię spożywczą i wstawić do lodówki na pół godziny.
4. W międzyczasie smarujemy dno formy na muffinki masłem.
5. Rozwałkuj ciasto. Wytnij kółka większe niż foremki na babeczki. Ostrożnie umieść koło ciasta na wypukłości w formie na muffiny i dociśnij je. Zawsze zostawiaj półkę między skorupkami ciasteczek.
6. Piecz miskę z ciastem przez około 10 minut. Wyjąć i ostudzić (to sprawi, że będą twarde). Ostrożnie wyjąć z foremek na muffinki.

25. Krokiety z kasztanów

Składniki

- 500 g kasztanów (obranych)
- 250 ml mleka
- 90 g okruchów herbatników (lub pokruszonych herbatników)
- 1 łyżeczka skórki pomarańczowej (z nietraktowanej organicznej pomarańczy)
- 1 łyżeczka skórki cytrynowej (z niepoddanej obróbce ekologicznej cytryny)
- 150 g masła
- 2 jajka
- 70 g bułki tartej (do panierowania)
- 1 łyżeczka pulpy waniliowej
- 1 łyżeczka cukru
- Olej do smażenia)
- Cukier granulowany (do posypania)

przygotowanie

1. Gotuj kasztany w wodzie przez 20 minut, aż będą miękkie, odcedź i zmiksuj na krokiety ze słodkich kasztanów.
2. W misce wymieszaj mleko ze skórką pomarańczy i cytryny, bułką tartą, cukrem i miazgą waniliową, powoli podgrzewaj, a następnie dodaj puree z kasztanów.

3. Ubij jajko, wymieszaj i wymieszaj z kasztanową mieszanką.
4. Za pomocą rękawa cukierniczego wstrzyknąć patyczki o długości 3 cm i pozostawić do ostygnięcia. Następnie mokrymi dłońmi uformuj z patyczków krokiety lub kuleczki wielkości orzecha włoskiego.
5. Ubij drugie jajko i dopraw solą.
6. Krokiety maczać, obtaczać w bułce tartej i smażyć na rozgrzanym do 180°C oleju.
7. Gotowe krokiety wyjmujemy z oleju łyżką cedzakową i odsączamy na ręczniku kuchennym.
8. Krokiety z kasztanów przed podaniem posypać cukrem pudrem.

26. Sałatka owocowa z kremem waniliowym i herbatnikami rudymi

Składniki

- 1 szt. Mango
- 1 kawałek banana
- 1 gruszka
- 2 szt. Brzoskwinia
- 2 kawałki pomarańczy
- 2 łyżki syropu z czarnego bzu
- 1 szt. Rama Cremefine (wanilia)
- 4 kawałki ciasteczek oreo

przygotowanie

1. Na sałatkę owocową z kremem waniliowym i herbatnikami rudymi obierz mango, banana i gruszkę i pokrój w drobną kostkę. W ten sam sposób pokrój brzoskwinie. Wyciśnij pomarańcze, dodaj sok do owoców, dosłodź syropem z kwiatu czarnego bzu. Dobrze wymieszaj i pozostaw do marynowania na 2 godziny.
2. Ubij Rama Cremefine, pokrusz herbatniki.
3. Sałatkę owocową rozłóż na miseczkach deserowych, polej kremem waniliowym i rozłóż na wierzchu pokruszone herbatniki.

27. Sałatka owocowa z alkoholem

Składniki

- 1 banan
- 4 morele
- 1 brzoskwinia
- 15 winogron
- 1 pomarańcza (sok)
- 2 ŁYŻKI STOŁOWE. Likier z czarnego bzu

przygotowanie

1. Do sałatki owocowej z alkoholem najpierw pokrój owoce na kawałki, wyciśnij pomarańczę i dodaj sok, dodaj likier z czarnego bzu, dobrze wymieszaj. Chłodzimy około 60 minut.
2. Następnie podziel sałatkę owocową z alkoholami do miseczek i podawaj.

28. Sałatka owocowa z cynamonem

Składniki

- 1 szklanka jogurtu naturalnego (1,5%)
- 1 łyżeczka cynamonu
- 1 łyżeczka miodu
- 2 łyżki płatków owsianych
- 2 łyżki płatków kukurydzianych
- 1 jabłko
- 1 banan
- 1 garść winogron

przygotowanie

1. W przypadku sałatki owocowej z cynamonem wydrążyć jabłko i pokroić na małe kawałki. Następnie pokrój banana w plasterki.
2. Winogrona przekroić na pół i wydrążyć gniazda nasienne. Jogurt wymieszać z cynamonem i miodem i wymieszać w misce z pokrojonymi owocami.
3. Rozsyp płatki na wierzchu i delektuj się sałatką owocową z cynamonem.

29. sałatka owocowa

Składniki

- 1 banan
- 1 jabłko
- trochę rodzynek
- 10 truskawek
- posypka czekoladowa (do dekoracji)

przygotowanie

1. Pokrój banana, jabłko i truskawki na kawałki wielkości kęsa do sałatki owocowej.
2. Umieść rodzynki i owoce w misce i udekoruj czekoladową posypką.

30. Egzotyczna sałatka owocowa

Składniki

- 1/2 granatu
- 1/2 szt. Mango
- 1 kawałek. Persymona
- 200 g papai
- 1 kawałek banana

przygotowanie

1. Wyciśnij granat i umieść sok oraz pestki w misce na egzotyczną sałatkę owocową. Mango, persimmon, papaję i banana pokroić na kawałki i wymieszać z granatem.

31. Sałatka owocowa z lodami waniliowymi

Składniki

- 2 sztuki pomarańczy
- 2 jabłka
- 1 kawałek banana
- 1 cytryna (sok z niej)
- 1/2 puszki wiśni (bez pestek)
- 2 łyżki miodu
- 4 cl rumu
- 4 lody waniliowe
- 125 ml bitej śmietany
- 1 garść płatków migdałów

przygotowanie

1. Na sałatkę owocową z lodami waniliowymi obierz pomarańczę, jabłka i banana i pokrój razem w cienkie plasterki. Skropić sokiem z cytryny.
2. Odcedź i dodaj wiśnie. Wymieszaj miód z rumem na gładką masę, polej owoce i pozostaw do zaparzenia.
3. Rozłóż lód na schłodzonych talerzach i polej je sałatką owocową. Ubij śmietanę na sztywną pianę i udekoruj nią sałatkę owocową.

4. Posyp płatkami migdałów na wierzchu i podawaj sałatkę owocową z lodami waniliowymi.

32. Sałatka owocowa z kopem

Składniki

- 1 szt. Pomarańczowy
- 150 g truskawek
- 100 gramów malin
- 1/4 kawałka melona
- 1 jabłko
- 100 g wiśni
- 1 cytryna
- 50 gramów winogron
- 40ml Malibu

przygotowanie

1. W przypadku sałatki owocowej usuń zielone truskawki i umyj je malinami, wiśniami i winogronami. Następnie obierz pomarańczę i melona i pokrój na małe kawałki.
2. Połówki i ćwiartki truskawek. Jabłko obrać i pokroić na małe kawałki. Wiśnie pozbawić gniazd nasiennych i przekroić na pół razem z winogronami. Wymieszaj owoce w misce i wyciśnij na nie cytrynę.
3. Na koniec skropić sałatkę owocową Malibu i dobrze wymieszać.

33. Sałatka owocowa z rodzynkami w rumie

Składniki

- 1 kawałek banana
- 1 jabłko
- 1 szt. Mango
- 1 szt. Pomarańcza (sok z niej)
- 4 łyżki rumowych rodzynek
- 1 łyżka miodu

przygotowanie

1. Na sałatkę owocową z rodzynkami w rumie obrać mango i odciąć od środka. Następnie obierz banana, przekrój wzdłuż na pół i pokrój w plasterki.
2. Pokrój jabłko na ćwiartki i gniazda nasienne i pokrój w małe plasterki. Ściśnij pomarańczę. Owoce zamarynować w miodzie i soku pomarańczowym, wymieszać z rodzynkami w rumie.
3. Rozłóż do miseczek deserowych i podawaj dobrze schłodzoną sałatkę owocową z rodzynkami w rumie.

34. Sałatka owocowa z jogurtowym kapeluszem

Składniki

- 1 jabłko
- 1 szt. Pomarańczowy
- 1 gruszka
- 50 g winogron
- 500 g jogurtu truskawkowego (jasnego)
- 1 kieliszek płynnego słodzika
- 4 sztuki wiśni Amarena

przygotowanie

2. Na sałatkę owocową z kapeluszem jogurtowym obierz i pokrój owoce.
3. Filet z pomarańczy, zagotować 50 ml wody z 1 kroplą słodzika. Owoce krótko zagotować. Odpływ.
4. Jogurt truskawkowy wymieszać z kawałkami owoców, napełnić miseczki i udekorować wisienką.
5. Sałatkę owocową podawaj z jogurtem.

35. Sałatka owocowa z jogurtem

Składniki

- 250 g winogron
- 3 sztuki nektarynek
- 250 g jogurtu naturalnego
- Żurawina (do smaku)

przygotowanie

1. W przypadku sałatki owocowej umyj winogrona i nektarynki, a następnie pokrój nektarynki na kawałki. Następnie włóż do miski i dodaj winogrona.
2. Dobrze wymieszaj i przelej do małych miseczek, polej jogurtem naturalnym i dodaj żurawinę, jeśli chcesz.

36. Sałatka owocowa z serem camembert

Składniki

- 1/2 kawałka melona cukrowego
- 2 plasterki arbuza
- 2 kawałki pomarańczy
- 2 szt. Kiwi (żółty)
- 4 plasterki Camemberta
- sól
- 2 łyżki oleju
- 2 łyżki białego octu winnego
- pieprz (biały)

przygotowanie

1. W przypadku sałatki owocowej z serem camembert dokładnie umyj jedną pomarańczę, obierz skórkę ze skórki, przekrój pomarańczę na pół i wyciśnij. Zachowaj sok do marynaty.
2. Obierz i posiekaj grubo drugą pomarańczę. Kiwi obrać i pokroić na kawałki. Wykłuwaj kulki o różnych rozmiarach z melonów za pomocą noża do piłek.
3. Wszystkie owoce ułożyć na talerzu, na wierzchu ułożyć ser camembert i zalać marynatą z octu, oleju, soli, białego pieprzu i skórki pomarańczowej.

37. Sałatka owocowa z pestkami słonecznika

Składniki

- 2 młode ananasy
- 1 jabłko
- 1 gruszka
- 2 łyżki cytryny (sok)
- 2 banany
- 1 kiwi (ewentualnie 2)
- 6 łyżek soku pomarańczowego
- 2 łyżki sosu kokosowego
- 2 łyżki nasion słonecznika

przygotowanie

1. W przypadku sałatki owocowej z pestkami słonecznika ananasa oczyść, zdejmij ze skóry i pokrój w plastry o grubości około 1/2 cm.
2. Usuń łodygę, pokrój plastry na ćwiartki i umieść w wystarczająco dużej misce. Opłucz jabłko i gruszkę, usuń rdzeń, pokrój w kostkę i wymieszaj z ananasem.
3. Kawałki owoców skrop sokiem z jednej cytryny, zdejmij skórkę z bananów i kiwi,

pokrój w cienkie plasterki i ostrożnie ułóż pod resztą owoców.
4. Sałatkę polać sokiem pomarańczowym i pestkami słonecznika i podać gotową sałatkę owocową z pestkami słonecznika posypanymi wiórkami kokosowymi.

38. Sałatka owocowa z sosem jogurtowym

Składniki

- 500 gramów truskawek
- 2 łyżki cukru
- 0,5 charantais lub melona spadziowego
- 200 g śliwek np. niebieskich i żółtych
- 4 łyżki soku z limonki (lub soku z cytryny)
- 1 szklanka (236 ml) pokrojonego ananasa
- 150 g jogurtu śmietankowego
- 1 opakowanie cukru waniliowego
- Ewentualnie trochę świeżej mięty

przygotowanie

1. Opłucz i oczyść truskawki i przekrój je na połówki lub ćwiartki według wielkości. Posyp cukrem w misce do pieczenia. Przykryć i rysować przez około 15 minut.
2. Melona obrać i pokroić w ósemki. Mięso obrać ze skóry. Śliwki opłucz i pokrój w ósemki z pestki. Skropić sokiem z limonki lub cytryny. Przygotowane składniki wymieszać.
3. W przypadku sosu ananasowego pokroić w kostkę oprócz 1 plasterka i zmiksować z sokiem. Dodać jogurt i cukier waniliowy. W formie sałatki owocowej.

4. Resztę ananasa pokroić w kostkę. Posiekaj miętę, jeśli chcesz. Posyp obydwoma składnikami sałatę.

39. Sałatka owocowa z sosem jogurtowo-waniliowym

Składniki

Owoc:

- 2 jabłka
- 1 banan
- Sok z 1/2 cytryny
- 2 pomarańcze

Sos:

- 1 białko jajka
- 2 łyżki cukru
- 1 laska wanilii
- 75 g jogurtu
- 1 żółtko
- 100 gramów bitej śmietany

przygotowanie

1. Jabłka pokroić w ćwiartki, banana pokroić w plasterki i skropić sokiem z cytryny. Pomarańcze pokroić na kawałki. Rozłóż owoce równomiernie na czterech talerzach.
2. Białka ubić na sztywną pianę, dodać cukier do sosu. laska wanilii. Wyskrobać, wymieszać z jogurtem i żółtkiem. Śmietanę ubić na sztywną pianę, wymieszać z białkami. Do formy owocowej.

40. Szybka sałatka owocowa

Składniki

- 1 jabłko (średnie)
- 1 banan
- 1 garść winogron
- trochę truskawek
- kilka wiśni (bez pestek)
- 1 puszka koktajlu owocowego
- cytrynowy
- Cukier trzcinowy (w razie potrzeby)

przygotowanie

1. Aby przygotować szybką sałatkę owocową, umyj, pokrój i w razie potrzeby wydrąż gniazda nasienne. Skrop banany sokiem z cytryny, aby nie ściemniały.
2. Wszystko przełożyć do miski z koktajlem owocowym i doprawić cukrem trzcinowym i cukrem waniliowym.

41. Owoce tropikalne i sałatka owocowa z

przymrużeniem oka

Składniki

- 1/2 ananasa
- 1 kawałek banana
- 12 sztuk wiśni Amarena
- 4 łyżki syropu z grenadyny
- 4 łyżki rumu kokosowego
- 60 ml likieru jajecznego

przygotowanie

1. Banana obrać i pokroić w plastry na owoce tropikalne i sałatkę owocową z kopniakiem. Następnie obierz ananasa, wytnij łodygę i pokrój miąższ na małe kawałki.
2. Kawałki ananasa i plasterki banana wymieszać z syropem z grenadyny, rumem kokosowym i likierem jajecznym, odstawić do marynowania na co najmniej 1 godzinę.
3. Sałatka z owoców tropikalnych, która daje kopa w 4 pięknych szklankach i przykryta 3 czarnymi wiśniami.

42. Kolorowa sałatka owocowa

Składniki

- 500 g winogron (bez pestek)
- 2 jabłka
- 2 gruszki
- 2 szt. Brzoskwinia
- 1/2 kawałka melona cukrowego
- 500 gramów truskawek
- 2 kawałki pomarańczy
- 2 kawałki cytryny (sok z niej)
- 5 łyżek syropu z czarnego bzu
- 4 łyżki miodu

przygotowanie

1. W przypadku sałatki owocowej obierz pomarańcze i wyfiletuj ćwiartki pomarańczy, a następnie wyciśnij sok z reszty.
2. Oczyść i pokrój truskawki. Usuń nasiona z jabłek, gruszek i melona i pokrój na małe kawałki. Następnie przekrój winogrona na pół, posiekaj brzoskwinie.
3. Umieść wszystkie owoce w dużej misce, wymieszaj z syropem z czarnego bzu i miodem. Zestaw sałatek owocowych godzinę schłodzić.

43. Krem twarogowo-jogurtowy z sałatką

owocową

Składniki

- 300 g jogurtu (grecki)
- 250 g słoiczków do śmietany
- 2 łyżki syropu z agawy
- 2 łyżki pasty waniliowej
- 1/2 jabłka
- 1/2 gruszki
- 60 gramów jagód
- 15 winogron (bez pestek)
- 6 truskawek
- 4 cl maraskino
- 2 łyżki soku z cytryny

przygotowanie

1. W przypadku kremu twarogowo-jogurtowego z sałatką owocową, usuń rdzeń z jabłka i gruszki i pokrój na kawałki.
2. Połówki winogron i ćwiartki truskawek. Marynuj owoce maraschino i sokiem z cytryny, wstaw do lodówki na 30 minut. Jogurt wymieszać z twarogiem, syropem z agawy i pastą waniliową.
3. Krem twarogowy rozsmarować na miseczkach deserowych, a na wierzch wylać owoce i sok.

Krem jogurtowy z sałatką owocową od razu podajemy na zimno.

44. Sałatka owocowa bez cukru

Składniki

- 4 jabłka (ekologiczne)
- 500 g winogron (ekologicznych)
- 500 g truskawek (ekologicznych)
- 4 banany (ekologiczne, dojrzałe)
- 3 gruszki (ekologiczne)
- 6 łyżek cukierków rockowych (w proszku)
- 1 cytryna

przygotowanie

1. Bardzo dobrze umyj owoce na sałatkę owocową i pokrój w drobną kostkę. NIE obieraj ze skórki, ponieważ większość witamin znajduje się w skórce! Zamiast tego umieść wszystko w dużej misce i dobrze wymieszaj.
2. Następnie posyp cukierek na wierzchu i ponownie dobrze wymieszaj. Na koniec dodaj sok z cytryny, z jednej strony, aby owoce nie ściemniały, az drugiej strony, aby sałatka owocowa ożywiła się.

45. Prosta sałatka owocowa

Składniki

- 400 g ananasa (w kawałkach)
- 3-4 jabłka (małe)
- 1-2 kawałki bananów
- 1 szt. Pomarańczowy
- 1 kawałek. Persymona
- 1-2 szt. kiwi

przygotowanie

1. Najpierw umieść ananasa i sok z puszki w dużej misce na sałatkę owocową. Następnie jabłka obrać z gniazd nasiennych, pokroić na małe kawałki i dodać do ananasa.
2. Następnie obierz pozostałe owoce i pokrój je na małe kawałki. (persimmon można jeść ze skórką)
3. Ułóż i podaj sałatkę owocową.

46. Wegańska sałatka owocowa

Składniki

- 1 szt. Grejpfrut
- 2 kawałki kiwi
- 1 jabłko
- 3 łyżki jogurtu sojowego

przygotowanie

1. Na sałatkę owocową obierz grejpfruta i kiwi, umyj jabłko. Następnie pokrój wszystko na małe kawałki i włóż do miski.
2. Dodaj jogurt sojowy i wszystko dobrze wymieszaj.

47. Żółta sałatka owocowa

Składniki

- 1 szt. Mango (dojrzałe)
- 2 gruszki (żółte, dojrzałe)
- 2 jabłka
- 2 kawałki banana
- 2 brzoskwinie (z żółtym miąższem)
- 1 cytryna
- 1 łyżka miodu (płynnego)

przygotowanie

1. W przypadku sałatki owocowej obierz mango, oddziel od pestki i pokrój na małe kawałki. Umyj gruszki i jabłka, usuń gniazda nasienne i pokrój w drobną kostkę.
2. Banany obrać i pokroić w drobną kostkę. Następnie umyj brzoskwinie, usuń pestkę i pokrój w drobną kostkę.
3. Pokrojone owoce włożyć do miski i wymieszać. Wyciśnij cytrynę. Sok wymieszać z miodem i skropić owoce.

48. Sałatka z melona

Składniki

- 300 gramów arbuza
- 1/2 kawałka melona spadziowego
- 1/2 kawałka melona cukrowego
- winogrona
- 1 jabłko
- 2 kawałki pomarańczy (sok z niej)
- 2 łyżki miodu
- 125 ml wody

przygotowanie

1. Aby przygotować sałatkę z melona, obierz i oczyść melony i pokrój w małe kostki. Połówki winogron. Jabłko obrać i pokroić w drobną kostkę. Wyciśnij pomarańcze.
2. Wodę z miodem zagotować, ostudzić i zalać nią kostki owoców, dodać sok pomarańczowy. Umieścić w chłodnym miejscu i pozostawić do marynowania przez co najmniej 60 minut.

49. Sałatka z kiwi

Składniki

- 600 gramów ananasa
- 4 kiwi
- 2 banany
- 1 granat
- 2 opakowania cukru waniliowego
- 2 łyżki cukru pudru
- 3 łyżki cytryny (sok)
- 3 łyżki syropu z grenadyny

przygotowanie

1. W przypadku sałatki z kiwi najpierw pokrój ananasa wzdłuż na ósemki, pokrój podstawę łodygi na małe kawałki i pokrój miąższ ze skórki na kawałki po przekątnej. Obierz i pokrój owoce kiwi i banany.
2. Granat przekroić ukośnie, łyżką wyskrobać pestki i sok. Wymieszaj wszystko w misce. Zmiksuj sok z jednej cytryny, cukier puder, cukier waniliowy i grenadynę z owocami. Przynieś lodowatą sałatkę z kiwi na stół.

50. Sałatka ze śliwek i ananasa

Składniki

- 1 ananas
- likier z gorzkich pomarańczy
- Miód
- Mennica
- 11 śliwek
- cukier puder

przygotowanie

1. Pokrój ananasa na sałatkę śliwkowo-ananasową. Śliwki przekroić na pół i wydrążyć gniazda nasienne, pokroić w ósemki i zamarynować w Cointreau, mięty i miodzie.
2. Dodać kawałki ananasa, wymieszać i ułożyć całą sałatkę owocową w wydrążonym ananasie. Posyp cukrem pudrem i podaj sałatkę ze śliwek, ananasa i owoców.

51. Sałatka owocowa z granatem

Składniki

- 1/2 granatu
- 2 mandarynki
- 2 banany
- 4 śliwki
- 1 jabłko
- 1 noga

przygotowanie

1. W przypadku sałatki owocowej z granatem najpierw wyciśnij połowę granatu wyciskarką do cytrusów i przełóż do miski (wszystko - łącznie z pestkami pozostałymi po wyciskaniu).
2. Ściśnij również mandarynki. Banany pokroić, dodać i rozgnieść widelcem. Śliwki, jabłko i persymonę kroimy na małe kawałki i mieszamy - sałatka owocowa z granatem gotowa.

52. Sałatka owocowa z orzechami

Składniki

- 2 kawałki pomarańczy
- 2 banany (dojrzałe)
- 1 jabłko
- 1 gruszka
- 2 łyżki orzechów włoskich (tartych)

przygotowanie

1. W przypadku sałatki owocowej wyciśnij pomarańcze i umieść w misce. Można również dodać miąższ (bez nasion). Następnie obierz i pokrój banany.
2. Sok pomarańczowy rozgnieść widelcem. Pokrój jabłko i gruszkę i wymieszaj. Posyp startymi orzechami.

53. Koktajl ze świeżych owoców

Składniki

- 1 ananas (Hawajski, obrany)
- 4 brzoskwinie (obrane)
- 2 granaty (usunąć pestki)
- 2 jabłka Granny Smith (bez pestek, pokrojone w kostkę)
- 400 g winogron (zielonych i bez pestek)

przygotowanie

1. Na koktajl owocowy umyj owoce i pokrój wszystko na kawałki.
2. Wymieszaj owoce i podawaj razem.

54. Sałatka owocowa z miętą

Składniki

- 2 morele
- 2 brzoskwinie
- 1 gruszka
- 1 garść truskawek (oczyszczonych)
- 6 listków mięty (pokrojonych w paski)
- 3 łyżeczki cukru

przygotowanie

1. W przypadku sałatki owocowej z miętą umyj morele i brzoskwinie, usuń rdzeń i pokrój w drobną kostkę. Umyj i pokrój gruszkę na ćwiartki, usuń rdzeń i pokrój w kostkę. Podziel truskawki na przyjemne kawałki, wszystko dobrze wymieszaj.
2. Dodaj cukier i miętę i podawaj sałatkę owocową z miętą na zimno.

55. Sałatka z arbuza i gruszki z krewetkami

Składniki

- 190 g krewetek (marynowanych)
- 2 plasterki arbuza
- 1 gruszka
- 1 odrobina octu balsamicznego (rosso)
- 1/2 pęczka szczypiorku

przygotowanie

1. Sałatkę z arbuza i gruszki z krewetkami pokroić w większą kostkę na arbuza i gruszkę.
2. Szczypiorek również pokroić na małe kawałki.
3. Smaż krewetki na nieprzywierającej patelni przez kilka minut bez dodawania dodatkowego tłuszczu, ponieważ są już zamarynowane. Na koniec smaż kostki arbuza przez około 1 minutę, a następnie zdejmij patelnię z ognia.
4. Wmieszaj kostki gruszek i odstaw na 1 minutę. Doprawiamy odrobiną octu balsamicznego, ponownie mieszamy i podajemy sałatkę z arbuza i gruszki z krewetkami posypanymi szczypiorkiem.

56. Sałatka z pomarańczy i kiwi z lodem

Składniki

- 3 kawałki pomarańczy
- 4 kawałki kiwi
- 100 g owoców koktajlowych
- likier pomarańczowy (do smaku)
- 1 szt. Pomarańcza (sok z niej)
- 2 łyżki miodu
- 1/2 cytryny (sok z niej)
- Pistacje (posiekane)
- 120 g lodów waniliowych

przygotowanie

1. Aby przygotować sałatkę z pomarańczy i kiwi z lodami, obierz pomarańcze i kiwi i pokrój w cienkie plasterki. Odsącz owoce koktajlu.
2. Owoce wymieszać i schłodzić. Schłodzić szklane miski. Wymieszaj sok pomarańczowy i cytrynowy z likierem pomarańczowym i miodem, dokładnie wymieszaj z owocami i wstaw do lodówki na pół godziny.
3. Lody waniliowe podzielić na cztery części. Do każdej ze schłodzonych szklanych misek włóż porcję lodów waniliowych, przykryj sałatką

owocową, posyp posiekanymi pistacjami i od razu podawaj.

57. Kompot z wiśni

Składniki

- 1 kg wiśni
- woda
- 4 łyżki cukru trzcinowego
- 1 szczypta cukru waniliowego

przygotowanie

1. Aby przygotować kompot z wiśni, umyj i wydrąż gniazda nasienne. Włóż do dużego rondla i zalej wodą tak, aby przykryła wiśnie. Dodaj cukier trzcinowy i cukier waniliowy.
2. Doprowadzić kompot do wrzenia i gotować na wolnym ogniu przez około 5 minut. W międzyczasie przygotuj szklanki. Wlej kompot wiśniowy do szklanek, zamknij je i umyj.
3. Następnie odwróć je do góry dnem (aby w szklankach wytworzyła się próżnia) i przykryj kocem (dla powolnego chłodzenia).

58. Ananas z shotem

Składniki

- 1 kawałek. Ananas 1,5kg
- 1/8 l kwaśnej śmietany
- 3 kawałki bananów
- 2 rumy stemplowe (białe)
- 50 g posypki czekoladowej

przygotowanie

1. Odetnij pokrywkę ananasa za pomocą kieliszka ananasa. Następnie małym nożem wycinamy miąższ (zostawiając 1 cm brzeg) i kroimy miąższ na kawałki ok. 1 cm wielkości.
2. Banana pokroić w cienkie plasterki i wymieszać z kawałkami ananasa oraz pozostałymi składnikami w misce i wlać do pustego ananasa. Przykryj ananasa pokrywką i wstaw ananasa do lodówki do czasu podania.

59. Ocet z czarnego bzu

Składniki

- 3/4 l octu
- 2 łyżki miodu akacjowego
- 3/4 szklany kwiat czarnego bzu

przygotowanie

1. W przypadku octu z kwiatu czarnego bzu napełnij czysty, zamykany słoik o pojemności 1 litra w 3/4 pełnym kwiatem czarnego bzu, który został starannie wyrwany z owadów.
2. Wymieszaj miód z octem, zalej i odstaw w ciemne miejsce na około 4 tygodnie.
3. Przechowuj ocet z czarnego bzu w szklance lub użyj natychmiast.

60. Budyń sojowy z kolorową sałatką owocową

Składniki

- 500 ml napoju sojowego
- 1 opakowanie budyniu waniliowego w proszku
- 2 łyżki cukru
- 1 brzoskwinia
- kiwi 1 szt
- 3 truskawki
- 8 liczi
- 1 garść winogron
- 1 kawałek limonki (sok)
- 2 łyżki syropu z czarnego bzu

przygotowanie

1. Budyń sojowy z kolorową sałatką owocową: Budyń waniliowy z napojem sojowym ugotować zgodnie z instrukcją na opakowaniu, napełnić foremki na budyń i wstawić na kilka godzin do lodówki.
2. Owoce pokroić na małe kawałki, zamarynować w soku z limonki i syropie z czarnego bzu. Wyjąć budyń z formy, wokół budyniu ułożyć sałatkę owocową.

61. Sałatka owocowa z arbuzem

Składniki

- 150 gramów malin
- 100 g jagód (np. jeżyny, jagody)
- 2 brzoskwinie (duże)
- 8 moreli
- 8 śliwek
- 1 cytryna
- 50 gramów cukru
- 50 ml maraskino
- 1 arbuz (średni)
- mięta pieprzowa (świeża)

przygotowanie

1. W przypadku sałatki owocowej z arbuzem najpierw obrać brzoskwinie, wydrążyć gniazda nasienne, pokroić w ćwiartki i pokroić. Następnie przekrój morele i śliwki na pół, usuń rdzeń i pokrój na kawałki. Umieść maliny i cukier w wystarczająco dużej misce i skrop sokiem z cytryny i maraschino. Krótko schłodzić.
2. Rozetnij arbuza, miąższ pokrój w drobną kostkę i wymieszaj z pozostałymi owocami.

Udekoruj sałatkę owocową arbuzem z miętą i podaj na stół.

62. Sałatka z gruszek i śliwek

Składniki

- 1/2 kg śliwek
- 1/2 kg gruszek
- 3 łyżki cytryny (sok)
- 2 łyżki syropu gruszkowego
- 5 dkg płatków migdałowych
- 5-dniowe nasiona słonecznika
- 1/4 l kwaśnego mleka

przygotowanie

1. W przypadku sałatki z gruszek i śliwek uprażyć słonecznik na patelni bez tłuszczu, aż zaczną pachnieć. Pozwól ostygnąć.
2. Umyj śliwki, przekrój na pół, wydrąż gniazda nasienne i pokrój połówki na plasterki.
3. Gruszki obrać i pokroić w ćwiartki, usunąć gniazda nasienne i pokroić owoce w kostkę.
4. Kawałki owoców skropić sokiem z cytryny.
5. Wymieszaj resztę soku z cytryny, syrop gruszkowy i kwaśne mleko i wymieszaj z owocami.
6. Sałatkę z gruszek i śliwek posypać pestkami słonecznika i płatkami migdałów.

63. Sałatka owocowa z dipem orzechowym

Składniki

- 1/2 melona cukrowego
- 1/2 ananasa
- 1 opakowanie pęcherzycy
- kilka winogron (duże, bez pestek)
- 3 łyżki masła orzechowego (chrupiącego)
- 4 łyżki soku pomarańczowego (świeżo wyciśniętego)
- 2 łyżki soku z limonki (świeżo wyciśniętego)
- 1/2 łyżki cukru pudru
- 4 wykałaczki

przygotowanie

1. Najpierw do sałatki owocowej z orzeszkami ziemnymi pokrój plasterek ananasa w drobną kostkę. Następnie obierz melona i również pokrój w kostkę. Umyj winogrona.
2. Zmieszaj masło orzechowe ze świeżo wyciśniętym sokiem z pomarańczy i limonki oraz cukrem pudrem na dip.
3. Sałatkę owocową podawaj z dipem orzechowym. Kawałki owoców nadziać wykałaczką i zanurzyć w sosie.

64. Kokosowa sałatka owocowa z kruszonym

lodem

Składniki

- 1 kokos
- mix owoców wedle uznania (papaja, ananas, mango)
- Kostki fasoli azuki (lub kostki agar-agar)
- 1,5 łyżki syropu klonowego
- Brązowy cukier do smaku
- 3,5 łyżki gęstego mleka kokosowego
- 4 szklanki (szklanki) drobno kruszonego lodu
- Cynamon do smaku

przygotowanie

1. Najpierw otwórz kokos. Aby to zrobić, wybij młotkiem i gwoździem 2 lub 3 dziury w kokosie w ciemnych miejscach (dołeczki) pod brodą. Na rondelku umieść sito, dodaj wiórki kokosowe i pozwól, aby woda kokosowa odciekła. (W razie potrzeby wywierć otwory głębiej korkociągiem.) Następnie włóż kokos do piekarnika nagrzanego do 180 stopni na ok. 20 minut i ponownie wyjąć. Uderz mocno młotkiem i otwórz kokos. Poluzuj miąższ i pokrój w małe kostki. Pozostałe owoce również pokroić w bardzo drobną kostkę i

wszystko wymieszać. Wymieszaj wodę kokosową z mlekiem kokosowym, syropem klonowym i brązowym cukrem i polej owoce. Delikatnie wymieszaj. Wmieszaj bardzo drobno pokruszony lód i podawaj.

65. Lody z sosem fasolowym i sałatką owocową

Składniki

- 8 garści białek jaj (lub kruszonego lodu)
- Pasta z fasoli (czerwona)
- 250 ml syropu cukrowego
- 3 łyżki wiśni amaretto (do dekoracji)
- Na sałatkę owocową:
- Owoce (np. brzoskwinia, truskawki, wedle uznania)
- Sok cytrynowy
- cukier

przygotowanie

1. Wymieszaj pastę fasolową z syropem cukrowym do lodów z sosem fasolowym i sałatką owocową. Najpierw wlej trochę lodu do kieliszka do wina. Następnie nałóż małą łyżeczkę pasty z fasoli i łyżkę sałatki owocowej. Udekoruj wiśniami amaretto i podawaj.

66. Sałatka serowo-owocowa

Składniki

- 3 szt morele
- 1/2 ananasa
- 1 jabłko (duże)
- 300 g Goudy
- 250 ml bitej śmietany
- 3 łyżki soku ananasowego
- Sok cytrynowy
- 2 łyżeczki musztardy (gorącej)
- sól
- pieprz
- zielona sałata (do dekoracji)

przygotowanie

1. Na sałatkę serowo-owocową pokrój owoce w ćwiartki i kostki, a ser w plastry.
2. Przygotować marynatę z bitej śmietany, soku z cytryny, soku ananasowego, musztardy, soli i pieprzu i zalać nią owoce i ser. Całość dobrze wymieszaj i odstaw do ostygnięcia.
3. Gotową sałatkę serowo-owocową ułóż na liściach sałaty i podawaj.

67. Sałatka owocowa z dressingiem owocowym

Składniki

Na dressing:

- 3 kiwi
- 2 gruszki (obrane)
- Na sałatkę:
- 2 banany
- 2 mandarynki
- 150 g winogron (niebieskich i białych; bez pestek)
- 1 kiwi
- 1 gruszka
- 1 jabłko
- 1 garść orzechów włoskich (lub orzechów laskowych)
- 4 łyżki cukru

przygotowanie

1. Na sałatkę owocową z dressingiem owocowym przygotuj z owoców sałatkę owocową.

2. Jabłko i gruszkę obrać i pokroić w ćwiartki, usunąć gniazda nasienne i ponownie pokroić owoce.
3. W małym rondelku ugotuj na parze kawałki jabłka i gruszki z niewielką ilością wody i 1 łyżką cukru, aż będą al dente.
4. Obierz i pokrój kiwi i banany, umyj winogrona, oskubaj łodygi.
5. Mandarynki obrać i pokroić w ósemki, orzechy grubo posiekać.
6. Dobrze wymieszaj owoce w dużej misce.
7. Na dressing obrać kiwi i gruszki. Usuń gniazda nasienne z gruszek i umieść owoce w wysokiej zlewce do mieszania.
8. Blenderem ręcznym zmiksować z 3 łyżkami cukru.
9. Sosem polać owoce i podawać sałatkę owocową z dressingiem owocowym posypanym posiekanymi orzechami.

68. Sałatka z pieczonych owoców z zimną zapiekanką

Składniki

- 500 g twarogu
- 250 ml bitej śmietany
- 1 banan (pokrojony)
- 10 truskawek (pokrojonych w kostkę)
- 10 winogron (białych, przekrojonych na pół)
- 1 szczypta cukru
- 1 opakowanie chrupiących
- 1 opakowanie płatków migdałowych
- 1 opakowanie cukru waniliowego

przygotowanie

1. W przypadku sałatki owocowej rozłóż owoce w misce. Twaróg wymieszać z bitą śmietaną i dodać cukier. Powstałą masę wylać na owoce i wszystko wyrównać.
2. Wymieszaj płatki migdałów, kruszonkę i cukier waniliowy i mocno posyp wierzch. Wstawić do lodówki na co najmniej 60 minut.

69. Sałatka owocowa z chrupiącą komosą ryżową

Składniki

- 40 g komosy ryżowej
- 0,5 łyżeczki oleju z kiełków pszenicy
- 3 łyżeczki syropu klonowego
- 125ml maślanki
- 2 morele
- 200 g jagód (mieszanych)

przygotowanie

1. Dla kobiet w ciąży i karmiących: pożywne musli
2. Komosa ryżowa, przypominające ziarno ziarna z Ameryki Środkowej, jest niezwykle wartościowa ze względu na wysoką zawartość białka, żelaza i wapnia. Są malutkie i mają bardzo delikatny smak. Podobnie jak Kukuruz, możesz je „wystrzelić". Ale upewnij się, że nie są zbyt ciemne. Na deser możesz udekorować sałatkę gałką lodów waniliowych.
3. Przykryj quinoa na patelni z olejem i podgrzewaj na małym ogniu, aż pęknie. Po 1-2 minutach dodać jedną trzecią syropu

klonowego i krótko podpiec, wylać na zimną deskę i rozsmarować. Maślankę wymieszać z resztą syropu, przełożyć do miseczki. Opłucz owoce, oczyść jagody, pokrój morele w kliny. Rozprowadź oba równomiernie w maślance. Następnie posyp schłodzoną quinoa na wierzchu.

4. Z prażonej komosy ryżowej można również zrobić doskonałe lody: Zamroź ćwierć litra maślanki. Wyjąć z zamrażarki i zmiksować z 50 g miodu i 1 szczyptą wanilii do uzyskania kremowej konsystencji. Następnie ubij 0,2 litra bitej śmietany i szybko wymieszaj z maślanką. Na koniec dodaj schłodzoną komosę ryżową – przygotowaną zgodnie z powyższym opisem – i zamroź w zamrażarce na co najmniej 6 godzin. Wstawić do lodówki na 30 minut przed jedzeniem. Przynieś na stół świeże owoce lub ewentualnie półtwardą bitą śmietanę.

70. Sałatka owocowa z syropem chaczacha

Składniki

Syrop miętowy Chachacha:

- 100 g cukru
- 200 ml wody
- 200 ml pomarańczy (sok)
- 3 miętówki
- 2 goździki
- 6 łyżek chaczaki; Biały schnapps z trzciny cukrowej

Sałatka owocowa:

- 1 mango 650 g
- 1 papaja 450 g
- 1 ananas 1,5 kg
- 4 tamarillos
- 3 pomarańcze
- 250 g armii ziemi
- 125 gramów porzeczek
- 1 marakuja
- 3 miętówki

przygotowanie

1. W przypadku syropu zagotuj cukier z 200 ml wody, sokiem pomarańczowym i listkami mięty w syropowaty sposób. Dodać goździki i ostudzić. Dodać chachachę i ostudzić.
2. Usuń skórkę z mango, papai i ananasa na sałatkę. Mięso z mango obrać z pestki. Przekrój papaję na pół i łyżeczką usuń nasiona. Pokrój ananasa na ćwiartki i usuń łodygę. Pokrój owoce na kawałki wielkości kęsa. Pokrój tamarillo na łodydze, włóż do wrzącej wody na 1 minutę, ostudź i obierz. Owoce kroimy w plastry grubości 1/2 cm. Usuń białą skórkę pomarańczy ze skórki i usuń filety między oddzielającymi się skórkami. Truskawki umyć, osączyć, przekroić na połówki lub ćwiartki. Opłucz porzeczki, odsącz je. Połówkę marakui.
3. Usuń miętę i goździki z syropu. Owoce wymieszać z syropem, marynować przez 10 minut. Oskubać listki mięty i posypać nimi sałatkę owocową.

71. Sałatka owocowa z sosem likierowym

Składniki

- 2 banany
- 2 jabłka
- 2 łyżki cytryn (sok)
- 125 g winogron
- 2 pomarańcze
- 4 morele
- 2 łyżki cukru

Na sos likierowy:

- 1 opakowanie świeżej śmietany (150g)
- 3 łyżki Grand Marniera
- 30 g orzechów laskowych

przygotowanie

1. Usuń skórkę z banana i pokrój w małe plasterki. Usuń skórkę z jabłek, ćwiartki, gniazda nasienne i pokrój na kawałki. Oba składniki skropić sokiem z cytryny. Opłucz winogrona, dobrze je osusz, usuń szypułki, przekrój na pół i rdzeń. Usuń skórkę, usuń białą skórkę i pokrój pomarańcze na kawałki. Morele opłukać, przekroić na pół, wydrążyć gniazda nasienne i pokroić w ósemki.

Składniki wymieszać z cukrem i przełożyć do miski.

2. W przypadku sosu likierowego wymieszaj crème fraîche z Grand Marnier, pokrój orzechy laskowe na małe plasterki, wymieszaj i polej sosem foremkę z owocami.

72. Śródziemnomorska sałatka owocowa

Składniki

- 3 granaty
- 3 pomarańcze
- 3 grejpfruty (różowe)
- 4 figi
- kardamon
- 15 dni cukru
- 1/4 l soku owocowego, zebranego (w przeciwnym razie dodać sok pomarańczowy)

przygotowanie

1. W przypadku śródziemnomorskiej sałatki owocowej filetuj pomarańcze i grejpfruta: obierz skórkę, w tym białą wewnętrzną skórkę, zbierając sok. Następnie poluzuj segmenty owoców z cienkiej membrany i zbierz sok.
2. Usuń pestki z granatów.
3. Figi dokładnie umyć i pokroić w plasterki.
4. Cukier (bez tłuszczu) roztopić w małym rondelku i zrumienić (skarmelizować).

5. Wlać zebrany sok, doprawić kardamonem i ostudzić.
6. Dodać owoce, dokładnie wymieszać i pozostawić śródziemnomorską sałatkę owocową w marynacie na co najmniej 3 godziny.

73. Wafle gryczane z sałatką owocową

Składniki

- 80 gramów masła
- 75 g miodu akacjowego
- 2 jajka
- 0,5 laski wanilii (miąższ)
- 90 gramów mąki gryczanej
- 80 g mąki pełnoziarnistej
- 1 łyżeczka proszku do pieczenia (kamień nazębny)
- 150 ml wody mineralnej
- 100 g twarogu
- 50 g jogurtu (naturalnego)
- 1 łyżka syropu klonowego
- 1 jabłko
- 1 gruszka
- 250 gramów jagód
- Cytryny (sok)
- 1 imbir w proszku

przygotowanie

1. Mąki pełnoziarniste szczególnie dobrze smakują w świeżo upieczonych gofrach. Radzą sobie również z niewielką ilością

tłuszczu. W skrócie: zdrowa przekąska między posiłkami.
2. Masło zmiksować z miodem na krem. Wymieszaj jajka i miazgę waniliową. Wymieszaj oba rodzaje mąki z proszkiem do pieczenia. Mieszankę wymieszać z masą jajeczną. Dodaj tyle wody mineralnej, aby uzyskać lepkie ciasto. Moczyć ciasto przez co najmniej 15 minut. W razie potrzeby dodaj więcej wody mineralnej, a następnie piecz gofry od 2 do 3 łyżek, aż ciasto się rozpuści. Twaróg zmiksować z jogurtem na gładką masę i dosłodzić połową syropu klonowego. Opłucz jabłko, gruszkę i jagody. Pokrój jabłko i gruszkę na ćwiartki, usuń rdzeń i pokrój w kostkę. Kostki skropić odrobiną soku z cytryny. Wybierz jagody i wymieszaj z pozostałymi owocami. Dopraw sałatkę owocową resztą syropu klonowego i imbiru w proszku. Rozłóż trochę twarogu między dwoma goframi, które „
3. Jeśli nie masz w domu mąki gryczanej, możesz użyć tylko mąki pełnoziarnistej.

74. Musli z egzotyczną sałatką owocową

Składniki

- 1 ananas
- 1/2 melona Charentais
- 1 mango
- 1 kiwi
- 1 papaja
- 8 truskawek
- Płatki owsiane pełnoziarniste
- Płatki pełnoziarniste
- płatki kukurydziane
- Jądra orzechów laskowych
- Orzechy włoskie
- mleko
- Jogurt
- Ser warstwowy

przygotowanie

1. Owoce obieramy ze skórki (w zależności od pory roku i smaku), usuwamy pestki, kroimy w kostkę i mieszamy. Przynieś składniki musli na stół w małych miseczkach do pieczenia według uznania i przynieś je z produktami mlecznymi i sałatką owocową. Jeśli chcesz,

możesz wszystko dosłodzić miodem lub cukrem.
2. Wskazówka: Użyj kremowego jogurtu naturalnego, aby uzyskać jeszcze lepszy efekt!

75. Azjatycka sałatka owocowa z makaronem szklanym

Składniki

- 1 pomarańcza
- 1 opakowanie grochu
- 1 opakowanie makaronu szklanego
- Miód
- Liście mięty
- 12 liczi
- 0,5 peperoni
- cukier

przygotowanie

1. Świetne danie makaronowe na każdą okazję:
2. Wymieszaj posiekane pół peperoni i szklany makaron ugotowany w cukrze. Umieść filetowaną pomarańczę na wierzchu i udekoruj listkiem mięty.

76. Pikantna sałatka owocowa

Składniki

- 1/2 arbuza (najlepiej bez pestek)
- 1 szt. Mango (miękkie)
- 250 g truskawek
- 150 g fety
- ocet balsamiczny (ciemny, do smaku)
- pieprz (świeżo mielony, kolorowy, do smaku)

przygotowanie

1. Na pikantną sałatkę owocową pokrój wszystko na małe kawałki i ułóż na dużym talerzu.

77. Melon z liczi i ananasem

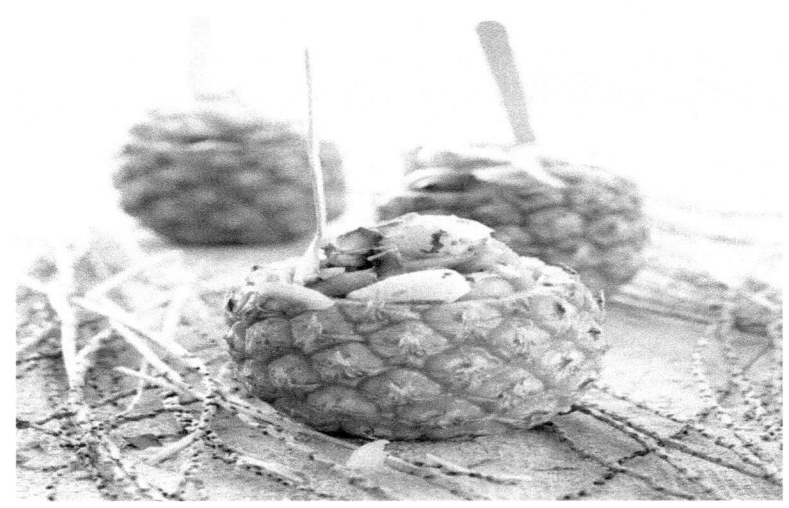

Składniki

- 1 kawałek melona cukrowego (duży lub 1/2 arbuza)
- 1 dawka(y) liczi
- 400 g ananasa (lub truskawek, świeżych)
- 5 łyżek imbiru (z puszki)
- Kilka łyżek likieru owocowego

przygotowanie

1. W przypadku melona z liczi i ananasem wyciąć i wydrążyć melona, aby wypełnić miseczki gotową sałatką owocową.
2. Mięso melona pokroić w kostkę, w razie potrzeby również pozostałe owoce. Wlej likier na owoce, jeśli chcesz.
3. Drobno posiekaj kawałki imbiru i wszystko wymieszaj. Schłodzić przez kilka godzin.
4. Przed podaniem wlej owoce do połowy skórki melona i podawaj melona z liczi i ananasem.

78. Sałatka z jajek i owoców

Składniki

- 4 jajka
- 300 g ćwiartek gruszek
- 400 g ćwiartek jabłek
- 0,3 kg jogurtu
- 2 kromki pełnoziarnistego chleba (pokrojone w drobną kostkę)
- 2 łyżki cytryny (sok)
- 2 łyżki miodu

przygotowanie

1. Jajka na sałatkę jajeczno-owocową gotować przez 10 minut, opłukać i obrać.
2. Oddziel białko i żółtko. Drobno posiekaj białka jaj.
3. Żółtka wymieszać z jogurtem na sos i doprawić sokiem z cytryny. Podgrzej miód i posmaruj nim kostki chleba pełnoziarnistego.
4. Ułóż jabłka i gruszki na talerzach. Zalać posiekanym białkiem i sosem jogurtowym i posypać sałatkę jajeczno-owocową kostkami chleba pełnoziarnistego.

79. Sałatka z gruszek i winogron

Składniki

- 2 gruszki
- 15 dni winogron niebieskich (bez pestek)
- 15 dag białych winogron (małych, bez pestek)
- 5 dni orzechów laskowych

Sos:

- 100 ml soku winogronowego (czerwonego)
- 1 łyżka soku z cytryny
- 3 łyżki miodu (lub cukru)
- 1 łyżka grappy

przygotowanie

1. Orzechy laskowe ułożyć na blasze do pieczenia sałatki z gruszkami i winogronami na ok. 120°C, aż zaczną pachnieć. Natrzyj muszlę ściereczką tak gorącą, jak to możliwe i posiekaj orzechy.
2. Umyć winogrona, oskubać z winorośli i przekroić na pół, jeśli to konieczne.
3. Gruszki obrać i pokroić w ćwiartki, usunąć gniazda nasienne i pokroić w kostkę. Natychmiast skrop sokiem z cytryny, aby kawałki nie ściemniały.

4. Wymieszaj sok winogronowy z miodem (cukrem) i grappą i dopraw do smaku.
5. Owoce wymieszać i skropić sokiem.
6. Sałatkę z gruszek i winogron podawaj posypaną posiekanymi orzechami laskowymi.

80. Sałatka owocowa z campari

Składniki

- 2 grejpfruty (różowe)
- 3 pomarańcze
- 1 gruszka
- 1 jabłko
- 3 Campari
- 1 opakowanie cukru waniliowego

przygotowanie

1. Na sałatkę owocową z Campari filetujemy grejpfruta i 2 pomarańcze: obieramy ze skórki, łącznie z białą wewnętrzną skórką, jednocześnie zbierając sok. Następnie poluzuj segmenty owoców z cienkiej membrany i zbierz sok.
2. Wyciśnij resztę pomarańczy.
3. Jabłko i gruszkę obrać i pokroić w ćwiartki, usunąć rdzeń i pokroić na kawałki.
4. Wymieszaj sok pomarańczowy i grejpfrutowy, Campari i cukier waniliowy, aż cukier się rozpuści.
5. Wymieszaj owoce w misce i zalej je sokiem.
6. Schłodzić sałatkę owocową Campari i odstawić na godzinę.

81. Sos słodko-kwaśny

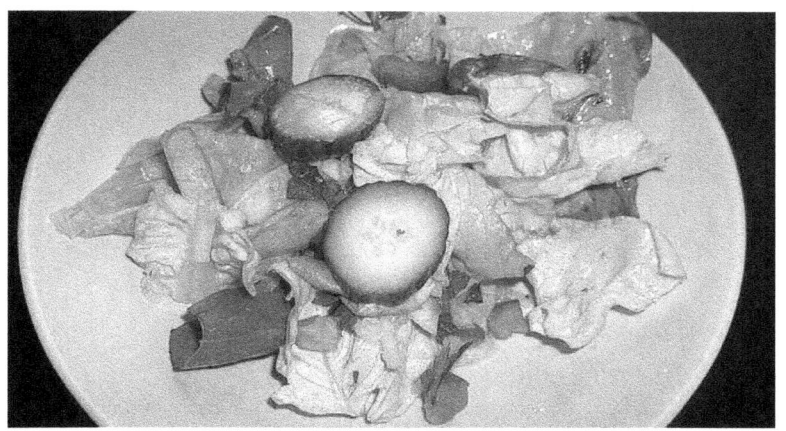

Składniki

- 2 cebule (średnie)
- 250 ml soku ananasowego
- 100 ml octu
- 3 krople sosu tabasco
- 3 łyżki cukru (brązowy)
- 3 łyżki dżemu ananasowego
- Pieprz (świeżo mielony)

przygotowanie

1. Cebule na sos słodko-kwaśny obrać i bardzo drobno posiekać.
2. Rozpuść cukier z sokiem ananasowym na średnim ogniu. Następnie dodaj cebulę i podgrzej. Na koniec dodać sos tabasco, pieprz, dżem i ocet.
3. W razie potrzeby rozcieńcz sos słodko-kwaśny odrobiną wody.

82. Krem z ajerkoniaku

Składniki

- 2 żółtka
- 50 gramów cukru
- 20 g skrobi kukurydzianej
- 100 ml mleka ((1))
- 150 ml mleka ((2))
- 1 laska wanilii
- 150 ml gęstej śmietany (bita śmietana o obniżonej zawartości tłuszczu)
- 100 ml likieru jajecznego

przygotowanie

1. W przypadku kremu z ajerkoniaku wymieszaj w misce kukurydzę, cukier, żółtko i mleko, aby uzyskać gładki krem.
2. W rondelku podnieś mleko i przekrojoną wzdłuż laskę wanilii wraz z wyskrobanymi nasionami i pozostaw do zaparzenia na 10 minut. Następnie wyjąć laskę wanilii.
3. Mleko waniliowe ponownie zagotować i zalać lodem, ciągle mieszając. Włóż wszystko z powrotem do garnka i podgrzewaj, mieszając, aż krem zacznie gęstnieć. Natychmiast przecedź przez sito do

odpowiedniej miski i umieść na kremie folię spożywczą, aby podczas stygnięcia nie tworzył się kożuch. Pozostaw do ostygnięcia na co najmniej 120 minut.

4. Tuż przed podaniem ubij bitą śmietanę o obniżonej zawartości tłuszczu, aż będzie sztywna. Dodaj ajerkoniak do śmietany, a następnie wymieszaj z bitą śmietaną. Kremem z likieru jajecznego napełnij pucharki deserowe i posyp wacikiem śmietany lub ewentualnie startymi kandyzowanymi owocami.

83. Parfait z niebieskich winogron z sałatką z pomarańczy i winogron

Składniki

Doskonały:

- 500 g aromatycznych niebieskich winogron
- 75 gramów cukru; w zależności od słodkości winogron
- 100 ml soku pomarańczowego (świeżo wyciśniętego)
- 100 g cukru
- 4 żółtka
- 500 ml bitej śmietany

Sałatka owocowa:

- 200 g winogron
- 200 g winogron
- 2 pomarańcze; filetowane
- 2 łyżki likieru pomarańczowego
- 4 łyżki migdałów (płatków)

przygotowanie

1. Umieść winogrona, cukier i sok pomarańczowy w rondlu na parfait. Podgrzewać mieszając, aż winogrona pękną. Zetrzyj winogrona tak bardzo, jak to

możliwe. Wszystko przetrzeć przez sito, zebrać sok i ostudzić.
2. Ubij żółtka z cukrem i 50 ml soku winogronowego w gorącej kąpieli wodnej, aż będą gęste i kremowe, a następnie ubij je w zimnej wodzie. Wmieszać resztę soku winogronowego. Ubij śmietanę na sztywną pianę i wymieszaj. Włóż wszystko do zamykanego plastikowego słoika i wstaw do zamrażarki na jedną noc.
3. W przypadku sałatki owocowej opłucz, przekrój na pół winogrona i wydrąż gniazda nasienne. Następnie filetujemy pomarańcze, zbierając sok. Wymieszaj sok z likierem pomarańczowym i krótko zamarynuj połówki winogron i filety z pomarańczy.
4. Aby podać, ułóż kulki winogronowego parfait na talerzu, obok trochę sałatki z winogron i pomarańczy. Sałatę posyp prażonymi płatkami migdałów.

84. Terrina serowa z orzechami włoskimi

Składniki

- 100 g orzechów włoskich (posiekanych)
- 200 g mascarpone
- 2 jajka
- 2 żółtka
- 30 ml calvadosu
- 50 gramów marchwi
- 2 gruszki
- 20 g cukru
- 20 ml wiśni

przygotowanie

1. Orzechy włoskie wymieszać z mascarpone, jajkami, żółtkami i calvadosem i przełożyć do naczynia żaroodpornego. Następnie piecz w piekarniku nagrzanym do 200°C przez dobre pół godziny. Na sałatkę owocową obierz i zetrzyj marchewki i gruszki. Następnie wymieszaj z cukrem i wiśniami. Na koniec rozetnij serową terrinę i podaj ją na stół z sałatką.

85. Sałatka maklerska

Składniki

- 2 łyżki miodu
- 8 miętówek (liście)
- 1/2 paczki orzeszków piniowych
- cukier puder
- 2 cytryny (sok z nich)

przygotowanie

1. W przypadku sałatki z nieszpułki obrać i wydrążyć gniazda nasienne, pokroić na małe kawałki i doprawić odrobiną miodu i soku z cytryny. Wymieszać z połową orzeszków piniowych.
2. Następnie włóż do szklanki deserowej. Posyp pozostałymi orzeszkami pinii, posyp cukrem pudrem i udekoruj sałatkę nieszpułką listkami mięty.

86. Sos francuski

Składniki

- 0,5 pęczka trybuli
- 0,5 pęczka estragonu
- 2 liście lubczyku (świeże)
- 2 gałązki pietruszki
- 1 łyżeczka soli
- 0,5 łyżeczki soli selerowej
- 1 jajko (ugotowane na twardo)
- 4 łyżki oleju
- 1 łyżeczka musztardy (gorącej)
- 6 łyżek octu
- 1 czubaty kawałek twarogu
- 2 łyżki majonezu
- 4 łyżki bitej śmietany (świeżej)

przygotowanie

1. Po ostudzeniu opłucz zioła, obierz je z grubsza i usuń łodygi. Zmiksować liście z solą i solą selerową na puree (lub zmiksować po 1/2 łyżeczki suszonej trybuli i estragonu) i porządną szczyptę suszonego lubczyku ze świeżą pietruszką, solą i 1 kroplą wody i odstawić na 2 godziny).

2. Wyjmij jajko ze skorupki i uformuj z żółtka ziołowe puree. Dodaj pozostałe składniki. Ubij wszystko trzepaczką, aż będzie gładkie, ale nie kremowe. Białka pokroić na małe kawałki i wymieszać na końcu.
3. Jeśli lubisz, możesz dodać 1-2 łyżki ketchupu w stylu amerykańskim.
4. Sos nadaje się do sałatek mięsnych, sałatek z kiełbasą, warzyw na zimno takich jak pomidory, kalafior, szparagi, serca karczochów, do szynki gotowanej i jajek na twardo.
5. Sałatka z selera, gotowana, langusty, awokado, cykoria, dressing, sałatki owocowe, wędliny, ozór, kiełbasa

87. Owocowa sałatka śledziowa

Składniki

- 8 sztuk filetów śledziowych (podwójnych, lekko marynowanych)
- 2 pomarańcze
- 1 szt. Mango (dojrzałe)
- Na marynatę:
- 1 pęczek koperku
- 1 pomarańcza
- 1 szczypta cukru
- pieprz
- sól
- 2 łyżki bitej śmietany
- 150 g crème fraîche
- 100 ml bitej śmietany (ubitej na sztywno)

przygotowanie

1. Filety śledziowe pokroić na kawałki o długości 2-3 cm.
2. Obierz i pokrój dwie pomarańcze i pokrój w grube ćwiartki. Obierz mango i pokrój miąższ z pestki. Odłożyć trochę owoców do

dekoracji. Pozostałe kawałki owoców wymieszać z kawałkami śledzia.
3. Najpierw w marynacie oderwij flagi koperku, biorąc około 2 łyżki do dekoracji. Ściśnij pomarańczę. Sok pomarańczowy wymieszać z cukrem, pieprzem, solą, chrzanem i crème fraîche. Wymieszać z bitą śmietaną i na końcu wymieszać z koperkiem.
4. Wymieszaj mieszankę owoców i ryb z marynatą i pozostaw do zaparzenia. Przed podaniem udekoruj sałatkę śledziową resztą owoców i koperkiem.

88. Lody z sosem fasolowym i sałatką owocową

Składniki

- 8 garści białek jaj (lub kruszonego lodu)
- Pasta z fasoli (czerwona)
- 250 ml syropu cukrowego
- 3 łyżki wiśni amaretto (do dekoracji)
- Na sałatkę owocową:
- Owoce (np. brzoskwinia, truskawki, wedle uznania)
- Sok cytrynowy
- cukier

przygotowanie

1. Wymieszaj pastę fasolową z syropem cukrowym do lodów z sosem fasolowym i sałatką owocową. Najpierw wlej trochę lodu do kieliszka do wina. Następnie nałóż małą łyżeczkę pasty z fasoli i łyżkę sałatki owocowej. Udekoruj wiśniami amaretto i podawaj.

89. Truskawkowy ryż na sałatce owocowej

Składniki na 2 porcje

- 500 g świeżych owoców (do smaku)
- 0,5 szklanki bitej śmietany
- 3 miarki truskawek Mövenpick
- 5 kropli soku z cytryny

przygotowanie

1. Owoce umyć, obrać i pokroić w kostkę, ułożyć na talerzu i skropić sokiem z cytryny.
2. Lody truskawkowe wyłożyć na sałatkę owocową.
3. Udekoruj bitą śmietaną i gałkami lodów.

90. Sałatka owocowa z awokado i jogurtem

Składniki

- 1 jabłko
- 1 awokado
- 1/2 mango
- 40 gramów truskawek
- 1/2 cytryny
- 1 łyżka miodu
- 125 g jogurtu naturalnego
- 2-3 łyżki płatków migdałowych

przygotowanie

1. Najpierw w przypadku sałatki owocowej z awokado i jogurtem umyj jabłko, usuń rdzeń i pokrój w kostkę. Następnie wydrąż awokado i mango i również pokrój w kostkę. Truskawki myjemy i kroimy na pół. Na koniec rozetnij cytrynę i wyciśnij sok z połowy.
2. Jogurt naturalny dobrze wymieszaj z miodem. Przełóż pokrojone składniki do większej miski i wymieszaj z miodem i jogurtem. Sałatkę owocową z awokado i jogurtem posypać migdałami i podawać.

91. prosta sałatka owocowa

Składniki

- 1/2 posiekanej papai
- 1/2 posiekanego melona
- 1 duże pokrojone jabłko
- 2 banany
- 3 sok pomarańczowy

przygotowanie

1. Wszystkie owoce dobrze umyj. W razie wątpliwości przeczytaj nasz artykuł o prawidłowej dezynfekcji owoców i warzyw.
2. Usuń skórkę i nasiona z papai.
3. Pokrój w kwadraty.
4. Usuń skórkę i nasiona z melona.
5. Pokrój w kwadraty.
6. Banany przekrój na pół, a następnie pokrój w kwadraty.
7. Wyciśnij pomarańcze, aby wydobyć sok, przecedź, aby usunąć nasiona i odłóż na bok.
8. Odetnij jabłko i usuń tylko rdzeń. Zachowaj miskę.

9. Delikatnie wymieszaj wszystkie owoce oprócz banana w dużej misce.
10. Mieszankę skropić sokiem pomarańczowym.
11. Wyjmij lodówkę na około 30 minut.
12. Dodaj banany tuż przed podaniem.

92. tradycyjna sałatka owocowa

Składniki

- 2 pudełka truskawek
- 1 pokrojona w plasterki papaja bez skóry i nasion
- 5 pokrojonych pomarańczy
- 4 jabłka
- 1 ananas
- 5 pokrojonych bananów
- 3 puszki mleka skondensowanego (może być bez laktozy)
- 3 kremy (mogą być bez laktozy)

przygotowanie

1. Dobrze umyj owoce.
2. Usuń wszystkie strąki i nasiona.
3. Pokrój ananasa, a następnie w kostkę.
4. Jabłka pokroić w kwadraty.
5. Banany pokrój w nieco grubsze plastry i odłóż na bok.
6. Obraną papaję i nasiona pokroić w plasterki.
7. Umieść wszystkie owoce w dużej misce.
8. Dodać skondensowane mleko i śmietankę i delikatnie wymieszać, aby owoce się nie rozpadły.

9. Schłodzić przez 1 godzinę.
10. Podać schłodzone!

93. kremowa sałatka owocowa

Składniki

- 4 jabłka
- 4 kiwi
- 3 srebrne banany
- 1 duża papaja
- 1 pudełko truskawek
- 1 puszka brzoskwiń w syropie
- 1 puszka kwaśnej śmietany
- 1 puszka skondensowanego mleka

przygotowanie

1. Umyj wszystkie owoce.
2. Usuń pestki i pestki z jabłek, kiwi, papai i liści truskawek.
3. Wszystkie owoce kroimy w kwadraty.
4. Delikatnie wymieszaj owoce w misce.
5. Ubij śmietankę i mleko skondensowane mikserem elektrycznym lub przy pomocy trzepaczki do uzyskania kremowej pasty.
6. Dodaj ubitą pastę do owoców i jeszcze trochę wymieszaj.
7. Dodaj brzoskwinię w syropie, również drobno pokrojoną. Ciesz się syropem, aby dodać smaku i zwilżyć sałatkę.

8. Na gotową masę wlej pozostałą śmietankę i pastę ze skondensowanego mleka.
9. Odstawić w chłodne miejsce i odstawić na około 1 godzinę.
10. Podawaj na zimno!

94. Sałatka owocowa ze skondensowanym mlekiem

Składniki

- 5 jabłek
- 5 bananów
- 3 pomarańcze
- 15 przekrojonych na pół winogron bez pestek
- 1 papaja
- 1/2 melona
- 4 guawy
- 4 gruszki
- 6 truskawek
- 1 puszka skondensowanego mleka

przygotowanie

1. Dobrze umyj owoce.
2. Rezerwacje.
3. Usuń nasiona i strąki, łodygi i liście.
4. W misce pokrój wszystkie owoce na kwadraty.
5. Mieszaj delikatnie, aż wszystko będzie równomiernie wymieszane.
6. Dodaj skondensowane mleko i wstaw do lodówki na około 1 godzinę.
7. Podawać schłodzone lub w temperaturze pokojowej.

95. Sałatka owocowa ze śmietaną

Składniki

- 3 banany
- 4 jabłka
- 1 mała papaja
- 2 pomarańcze
- 10 truskawek
- 15 winogron do wyboru
- 1 puszka gęstej śmietany (może być bez laktozy)
- 1/2 szklanki cukru (opcjonalnie)
- Dodatkowa wskazówka: jeśli chcesz, możesz dosłodzić odrobiną miodu.

przygotowanie

1. Dobrze umyj owoce.
2. Usuń strąki i nasiona.
3. Pokrój je na małe kawałki, najlepiej kwadraty.
4. Umieść owoce w misce.
5. Pokrój wszystkie owoce na małe kawałki i odłóż na bok w misce.
6. Ubijaj gęstą śmietanę (w razie potrzeby z cukrem) w blenderze przez około 1 minutę.

7. Wlej bitą śmietanę do miski z owocami i delikatnie wymieszaj, aż wszystko się dobrze wymiesza.
8. Umieścić w chłodnym miejscu i podawać schłodzone.

96. Dopasowana sałatka owocowa

Składniki

- 1 szklanka jeżyn
- 4 małe pomarańcze
- 1 filiżanka herbaty truskawkowej
- 1/2 filiżanki ulubionej herbaty winogronowej
- 1 łyżeczka miodu
- 2 łyżki naturalnego soku pomarańczowego;
- 1/4 garnka jogurtu greckiego

przygotowanie

1. Zdezynfekuj wszystkie owoce.
2. Usuń skórkę i nasiona (z wyjątkiem winogron).
3. Umieść wszystkie owoce i jogurt grecki w misce.
4. Delikatnie mieszaj, aż wszystko się wymiesza.
5. Sałatkę owocową polać miodem i wstawić do lodówki.
6. Wyjmij i podawaj!

97. Sałatka owocowa dla smakoszy

Składniki

- 1/2 papai
- 1/2 szklanki herbaty truskawkowej
- 1 pomarańcza
- 1 jabłko
- Miód do smaku

Na sos:

- 2 łyżki soku pomarańczowego
- 1/2 garnka zwykłego pełnoziarnistego jogurtu (może być bez laktozy)
- 4 posiekane liście mięty

przygotowanie

1. Po zdezynfekowaniu wszystkich owoców usuń skórkę, nasiona i liście.
2. Pokrój na małe kwadraty i umieść w dużej misce.
3. W innym pojemniku połącz jogurt, sok pomarańczowy i liście mięty.
4. Wlej sos do miski z owocami, delikatnie wymieszaj.
5. Podziel sałatkę owocową na małe miseczki i wstaw do lodówki.

6. Podawać z listkami mięty i miodem do dekoracji.

98. Sałatka owocowa z sosem jogurtowym

Składniki

- 500 gramów truskawek
- 2 łyżki cukru
- 0,5 charantais lub melona spadziowego
- 200 g śliwek np. niebieskich i żółtych
- 4 łyżki soku z limonki (lub soku z cytryny)
- 1 szklanka (236 ml) pokrojonego ananasa
- 150 g jogurtu śmietankowego
- 1 opakowanie cukru waniliowego
- Ewentualnie trochę świeżej mięty

przygotowanie

1. Opłucz i oczyść truskawki i przekrój je na połówki lub ćwiartki według wielkości. Posyp cukrem w misce do pieczenia. Przykryć i rysować przez około 15 minut.
2. Melona obrać i pokroić w ósemki. Mięso obrać ze skóry. Śliwki opłucz i pokrój w ósemki z pestki. Skropić sokiem z limonki lub cytryny. Przygotowane składniki wymieszać.
3. W przypadku sosu ananasowego pokroić w kostkę oprócz 1 plasterka i zmiksować z sokiem. Dodać jogurt i cukier waniliowy. W formie sałatki owocowej.

4. Resztę ananasa pokroić w kostkę. Posiekaj miętę, jeśli chcesz. Posyp obydwoma składnikami sałatę.

99. Sałatka owocowa z sosem jogurtowo-

waniliowym

Składniki

Owoc:

- 2 jabłka
- 1 banan
- Sok z 1/2 cytryny
- 2 pomarańcze

Sos:

- 1 białko jajka
- 2 łyżki cukru
- 1 laska wanilii
- 75 g jogurtu
- 1 żółtko
- 100 gramów bitej śmietany

przygotowanie

1. Jabłka pokroić w ćwiartki, banana pokroić w plasterki i skropić sokiem z cytryny. Pomarańcze pokroić na kawałki. Rozłóż owoce równomiernie na czterech talerzach.
2. Białka ubić na sztywną pianę, dodać cukier do sosu. laska wanilii. Wyskrobać, wymieszać z jogurtem i żółtkiem. Śmietanę ubić na

sztywną pianę, wymieszać z białkami. Do formy owocowej.

100. Szybka sałatka owocowa

Składniki

- 1 jabłko (średnie)
- 1 banan
- 1 garść winogron
- trochę truskawek
- kilka wiśni (bez pestek)
- 1 puszka koktajlu owocowego
- cytrynowy
- Cukier trzcinowy (w razie potrzeby)

przygotowanie

1. Aby przygotować szybką sałatkę owocową, umyj, pokrój i w razie potrzeby wydrąż gniazda nasienne. Skrop banany sokiem z cytryny, aby nie ściemniały.
2. Wszystko przełożyć do miski z koktajlem owocowym i doprawić cukrem trzcinowym i cukrem waniliowym.

WNIOSEK

Kończąc „Owocowa Fuzja: tętniąca życiem książka kucharska z sałatkami owocowymi", mamy nadzieję, że podobała ci się ta podróż do świata świeżych i zachwycających sałatek owocowych. Od prostych kombinacji, które pozwalają owocom błyszczeć samodzielnie, do bardziej złożonych mieszanek, które kuszą kubki smakowe, nauczyłeś się, jak tworzyć zdrowe i oszałamiające wizualnie potrawy.

Sałatki owocowe to fantastyczny sposób na podniesienie jakości jedzenia owoców, czyniąc je przyjemniejszym i bardziej ekscytującym. Dzięki szerokiej gamie dostępnych owoców możliwości tworzenia wyjątkowych i pysznych sałatek owocowych są naprawdę nieograniczone.

Zachęcamy do dalszego odkrywania nowych owoców, eksperymentowania ze smakami i wypróbowywania różnych sosów i dodatków, aby stworzyć swoje popisowe sałatki owocowe. Piękno tej książki kucharskiej polega na elastyczności, jaką oferuje, pozwalając dostosować i spersonalizować każdy przepis zgodnie z własnymi preferencjami.

Pamiętaj, sałatki owocowe to nie tylko smak; są celebracją dobroci natury i wspaniałym sposobem na włączenie większej ilości witamin, przeciwutleniaczy i błonnika do diety.

Mamy nadzieję, że „Owocowa Fuzja: tętniąca życiem książka kucharska z sałatkami owocowymi" zainspirowała Cię do skorzystania z obfitości świeżych owoców i uczynienia z nich stałej części kulinarnych przygód. Niezależnie od tego, czy delektujesz się sałatką owocową w słoneczny dzień, czy dzielisz się nią z bliskimi na specjalnym spotkaniu, niech każdy kęs przybliży Cię do natury i szczęśliwszego, zdrowszego stylu życia.

Oto więcej kolorowych, orzeźwiających i pysznych sałatek owocowych w Twojej przyszłości. Szczęśliwego robienia sałatek owocowych!

Zregeneruj odpowiedź

www.ingramcontent.com/pod-product-compliance
Lightning Source LLC
LaVergne TN
LVHW021658060526
838200LV00050B/2401